流韵秋语

秋语 著

长江出版传媒 长江文艺出版社

图书在版编目（CIP）数据

流韵秋语 / 秋语著. -- 武汉：长江文艺出版社，
2022.7
ISBN 978-7-5702-2519-4

Ⅰ. ①流… Ⅱ. ①秋… Ⅲ. ①诗集－中国－当代
Ⅳ. ①I227

中国版本图书馆 CIP 数据核字(2022)第 022759 号

流韵秋语
LIUYUN QIUYU

责任编辑：王成晨　　　　　　　　　责任校对：毛季慧
封面设计：李　鑫　　　　　　　　　责任印制：邱　莉　　王光兴

出版：长江出版传媒　长江文艺出版社

地址：武汉市雄楚大街 268 号　　　邮编：430070
发行：长江文艺出版社
http://www.cjlap.com
印刷：武汉市籍缘印刷厂

开本：880 毫米×1230 毫米　　1/32　　印张：10　　插页：2 页
版次：2022 年 7 月第 1 版　　　2022 年 7 月第 1 次印刷
行数：5706 行

定价：46.00 元

目　录

窑　火

燧皇走了
人类生存之火　　　依然
点燃窑火的人
走了　　留下
红砖绿瓦　　紫砂青花
生活开始妖娆
生命也有了趣味

千年窑火
在烧窑人察言观色的目光里
入土　　入釉
虚实结合

这些窑火中闪亮的汉子
怀抱窑火和坯胎
涅槃

2021 年 5 月 21 日

骀荡春风竞妖娆

你来了
柔媚成大地伸展的气息
碎裂了冰河
消散了雪迹
所有僵硬的表情
悄然萌动
山峦抖落了沉重的灰暗
大地挣脱了压抑的藩篱
那一帘跳动着波光的春水
诱惑了
一群群黄茸茸的雏鸭儿
顽皮嬉戏

你是催生的婆婆
用飞快的剪刀
剪出漫山遍野新鲜的娃娃
蹦着跳着
扑入你的怀里

你是神奇的画师
用丹青的妙笔
描摹出姹紫嫣红的盎然春意
蜂飞蝶舞
花红柳绿

你来了
妖娆了春光无限
揽你入怀
冀望倏忽盈满我的心底

2017 年 3 月 15 日

礼 物

看时光漂染了秋黄
我没有凋零的悲伤
静静觉悟
慢慢遐想
秋黄也是生命灿烂的乐章

生命的过程没有早晚
你我的现在都是一样
活着
就是赐予你最好的礼物
莫论短长

抓紧当下的时光
哪怕面对
跌宕起伏　夜路漫长
依然庆幸
还有挣扎前行的力量

不要嗟叹迟暮
也不要在花径中留恋徜徉
每一段生命
都会遇见钟情的风景
人生的四季
都会不同凡响

2016 年 9 月 24 日

回　家

回家
骑一匹快马
让身后的一切极速倒下
不回头
怕密集的蹄声
狠命拽住马的尾巴

回家
让星光引路
听不见耳畔呼呼的风声
甩开冷漠的江湖
和孤旅的天涯

回家
那里
有温暖的父母
热切的老婆
可爱的娃娃

2016 年 11 月 25 日

在春光里缱绻

喜欢
春满枝头的缤纷闹意
流连
漫山遍野的鹅黄嫩绿

次第复苏的精灵
姿容招展
在春光中乍泄　生命的神奇
盈盈春水上飘逸的柳丝
引来鱼儿摇头摆尾地嬉戏
一树树含苞待放的海棠
正羞红着脸儿
窃窃私语
一丛丛艳黄的迎春花
摇曳着春光
铺满我驰荡不已的心底
偶尔
一片飘飞的花瓣
也盈满了春光优美的气息

春日明媚　意蕴丰盈
所有的苏醒绽放不怠
我偷偷缱绻在春光的怀抱
尽情分享

流离烂漫的诗情画意

2017 年 4 月 4 日

向　往

湛蓝的天空
绽放
朵朵白云
向日葵
眨着金色的睫毛
深情凝望

盈盈的秋水
洗濯
岸边纤细的柳带
泛黄的枫叶
争先装扮秋日的盛装

柔美的蒲公英
扇动着
毛茸茸的翅膀
轻盈地飞向远方

风卷珠帘
玉兔东升
煮一壶红尘情愫
伴香兰月色
婉约浅唱

2016 年 9 月 14 日

沉淀生命

时光
蹑手蹑脚
划过青春的面庞

生命
荒诞不经
走过青春的怒放

忙忙碌碌中
变成
人生舞台上的玩偶

滚滚红尘里
沦为
追名逐利的羔羊

请赐我挫折
沉淀骄傲
请赐我孤独
沉淀喧噪

为生命筑巢
孕育
飞向蓝天的金鸟

挣脱世俗的泥沼

淘出

未来岁月的静好

只愿

做一枝雪中的白梅

相伴苦寒

在清香四溢中

天荒地老

2016 年 9 月 2 日

快乐拼搏

多想
活出人生的价值
让体面盛开得光鲜闪耀

多想
收获生命的厚度
让自信睡梦里也挂上眉梢

懒惰
是偷心的巫婆
自满
是平庸的港湾

别迷醉
不劳而获的富有
莫妄想
守株待兔的偶然

人生没有驿站
只有奔跑的终点

在时光的长河中
快乐拼搏
不辜负自己的等待
向着远方微笑出发

过后

是龙翔九天的惊艳

2016 年 9 月 9 日

穿越时空的记忆

那一年的午后
阳光灿烂
烈火炼化着我的身躯
我浑然倒地
醒来后
鲜血淋漓

疼痛咬噬着我的生命
我用日月丈量
生与死的距离

时间
在那一刻静止
日子
模糊了昼与夜的轮替
看不到一丝光明
到处都是死寂的废墟

挣扎复活了意志
生机
一点点
顽强地
在坚硬的岩缝中拱出新绿

经历过

生死洗礼
才恰似涅槃的凤凰
只争朝夕

既然苍天眷顾
就不辜负
这份厚重的盛意
纵是人生苦旅
也要风雨兼程
谱写
生命瑰丽的序曲

2016 年 9 月 10 日

你是我最美的拥有

际遇
静落在花开时分
屏住呼吸
倾情欣赏
你款款而来的模样

夜
在狂乱中
渐渐睡去
梦境里
你打扮成
黎明的新娘
带我
走向温暖的朝阳

你的美丽
不会凋零
恰似春夏秋冬

甘愿做你的俘虏
欣赏你不绝的风景
因为
我有不老的心情

即使化作满天繁星

我依然仰望

追寻

属于你的

那片璀璨星空

2016 年 9 月 13 日

孤　独

我用孤独的岁月
陈酿一杯甘醇的美酒
让生命静静沉醉
让时间理智停留

孤独
是历经春秋的冬雪
在等待中
迎来又一个春播秋收

孤独
是包容一切的夜色
在静谧中
为灿烂的黎明守候

物欲的横流
迷失了真我
赞誉的掌声
怠惰了追求

我用孤独
完成自我走失的救赎
我用孤独
发现情有独钟的锦绣

孤独不是与世隔绝的死寂
而是思想与心灵的坦诚交流
孤独
孕育我充满朝气的奋斗
孤独
给我的人生再次加油

2016 年 9 月 13 日

青春真好

时间
沧桑了我们的青春年少
年轮
漂白了我们的乌亮发梢
记忆
模糊了我们的青春故事
怀念
是一只无家可归的青鸟
在深秋的风雨中
衔草筑巢

青春是波光粼粼的小溪
在山谷丛林中奔腾跳跃
青春是激情四射的赛场
是跌倒后爬起来的微笑

青春真好
有的是幻想浪漫的傲娇
青春真好
有的是热情勇敢的奔跑
青春真好
即便身陷泥泞
也能跳出优美的舞蹈

若青春轮回

该有多好

2016 年 9 月 18 日

秋日致爱

你来自沧桑的万古
永远
初心不改
与时光的年轮同步

你用爽朗的声色
浸染了层林
唤醒了碧水
催熟了春夏的忙碌

你用舍得的情怀
收获了累累硕果
也在冷雨风霜的无奈中
飘零了绝唱的孤独

你用风情万种的绮美
涟漪了我平静的心湖
在灵与肉的洗礼下
甘愿做你虔诚的信徒

于是
秋天的童话里
我长成一株火红的枫树
在缠绵的秋风中

炫丽轻舞

2016 年 9 月 22 日

勿忘我

那惊鸿一瞥的丽影
攫取了我安静的睡梦
从此
我用无眠的思绪
伴着秋虫的呢哝
遥望
天边那颗最亮的启明星

我用低沉的马头琴倾诉
悠远的思念
我用深情的冬不拉寻找
迷人的风景

你的梦境里
是否有我的身影
你的心田中
能否有我的时空

我的心中
已开满了勿忘我
期盼
在你蓝色的浪漫里
有我
每天寄送的那片深情

2016 年 9 月 27 日

彼 岸

你在彼岸
用千秋绝代的妩媚
擦亮了我寂寞的双眼
从此
我把自己弯成一条小船
彼岸
成为我漂泊的终点

河水是无尽的岁月
彼岸
是绝美的风景线

即便没有灯塔的照耀
我也会在满天星光下
挥桨摇船
任汗水淌满时光的长河
任孤寂枯萎年轻的容颜

没有遗憾
也没有铮铮袭耳的誓言
执念已定格在彼岸
就拼尽今生　一往无前
只因
彼岸是心驰神往的明天

2016 年 9 月 26 日

和你在一起

不想一个人孤独
在秋风瑟瑟中漫步
伴草蝶飞舞
看夕阳落幕
把瘦瘦长长的身影
印进冰冷的泥土

不想一个人孤独
愿给心找一个归宿
让阳光常驻
开满鲜花的小木屋

和你在一起
无须耳鬓厮磨的甜言蜜语
柴米油盐
也会浸出淡淡的幸福
携手散步
也能透出暖暖的满足

和你在一起
没有辛苦
披星戴月中有我的微笑
攀登跋涉里是你的祝福

和你在一起

幸福的味道
是甜蜜的花香
是酸酸的感动
更是知心无怨的搀扶

2016 年 10 月 3 日

重　量

你用尽秋的力量
无奈
托不起那片枯黄的叶子

轻盈的雪花
却用平静温润的呼吸
轻轻托起春姑娘美丽的裙裾

你的重量
碾压了我无眠的梦境
我用慌乱的思绪
编织千万个怦然心动的场景
却又——否定

可爱的
告诉我
是该用秋的力量
还是用雪的呼吸
才好
在瑞霭盈心的湖畔
与你
十指相扣　唇齿相依

2016 年 10 月 7 日

四季如歌

时间锁住了四季
我在四季里来回奔波
看花开花谢
品风霜雪雨
忘怀了流年的更迭
只把年少的青春
时刻依偎在心里

四季如歌
人生如梦
我在四季里用心捡拾
最美丽的音符
流泻出最动人的旋律
把我最美妙的梦境
留给四季如水的月光
睫毛对剪　酣然睡去

每一个多情的季节
都使我流连忘返
每一次四季的轮回
都让我陶然入迷
四季蕴养人生
人生花开四季
好想
在诗情画意的四季

一生徜徉　相伴相依

2016 年 10 月 12 日

父 亲

袅袅升腾的青烟
包裹着父亲清瘦的身影
已近耄耋
还惦记着儿女的一切

小时候
我快乐地站在你的双肩
你用阳光下的汗流浃背
用月光灯影下的不辍劳作
哺育了我无忧无虑的童年

长大后
你把我的贫富冷暖记挂心间
用布满青筋　长满老茧的双手
给我娶妻生子
让我生活体面

我人到中年
你杖朝之年
你的那颗心啊
还跳动在田间地头
游走在街头巷尾
不知疲倦
让我心酸

父亲
你把一生的辛苦留给自己
从不抱怨
苦累不言

父亲
你把一生的幸福留给我
心甘情愿
自若坦然

父亲
你把最深的父爱
写满苍老的容颜
即便你的身躯不再伟岸
在儿子心中
你永远是
那座挺拔屹立的高山

2016 年 10 月 17 日

秋水长

一泓静默的秋水
拥抱着清风云逸的蓝天
那丰腴多姿的秋色
酽酽地醉倒在秋水的怀抱

静悄悄
听到了耳畔的呼吸
摸到了胸口的心跳
莫扰
让秋水深情盈满
轻轻妖娆

落霞妩媚了斜阳
染红了秋水长天
你绯红了脸儿
宛若待嫁新娘
等夜色初上
再幽会
那一轮弯弯的月亮

2016 年 10 月 18 日

我心素简　淡若青莲

时光清浅
悄悄划过年轻的发梢
岁月静好
轻轻抚平生命的喧噪
光阴荏苒
不觉间鬓角霜染雪飘

去远方
看一看多年未见的老友
无须把酒问盏
只需促膝而坐
品茗笑谈

去旅行
近青山　戏绿水
无须拍成图片
只需留存心间
怡性悠然

在暖春
看草长莺飞
在酷夏
享凉风拂面
在仲秋
赏皓月千里

在寒冬
迎瑞雪绵绵

听风　看雨　赏花　吟月
我心素简
淡若青莲

2016 年 10 月 19 日

不要看轻自己

在没有彩排的人生中
成长是我们共同的经历
不要因一时的逆境
就看轻自己

人生所有的繁华
终将褪去诱人的羽翼
只要不辜负每一段苦旅
哪怕收获垂头丧气
也不要看轻自己
倔强理智地站起
让从头再来
成为一生的坏脾气

每一个生命
都会拥有最美的季节
那里有你独特的美丽
无须长吁短叹
更不要攀来比去

你看
那飘零飞舞的落叶
赢得了多少千古痴情的追逐
你看
那瞬间划落的流星

留住了多少款款深情的期许

过好每一天的自己
让朝阳驱散阴霾
只要拼搏努力
你躬身前行的背影
就是一道风景如画的传奇

2016 年 10 月 21 日

天　使

阳光明媚的春日
我化作一缕煦暖的和风
摇醒顶满露珠
睡眼惺忪的那株嫩草
亲吻顽皮嬉戏
倦意归巢的那只雏鸟
我轻轻地来
慢慢地走
拂去春寒料峭
洒落娃儿天真的欢笑

万物葱茏的盛夏
我是那场沁人心脾的雨露
清凉了
燥热不安汗流浃背的那张通红面颊
润洗了
热气腾腾惶惶顾盼的那蓬尘垢莲花
我急急地来
缓缓地去
肥美了夏日的繁华
滂沱了江河的不雅

硕果累累的金秋
我变身一轮圆圆的皓月
光顾欢声笑语

和美融融的丰收农家
偷听婴儿依依的呢喃
和着妇人软软的拍打
我悄悄地来
不打扰一帘幽梦
不惊落一片桂花

苍凉荒芜的深冬
我凝成漫天飞舞的雪花
静美了山川沟壑
温暖了贪睡的麦芽儿
把皑皑的纯洁绘成一幅图画
我款款地来
静静地等
等待春日的一抹阳光
把我融化成
漫山遍野的童话

2016 年 10 月 26 日

老屋前那三棵桑树

时常
在密不透风的记忆里
跳出老屋前那三棵桑树
它们笔直地站在老屋前
开花结果
与老屋一起
雕刻着岁月的年轮

桑树干上
欢笑攀爬的身影
被时光掩埋进那个丽日的午后
紫色的牙齿和嘴唇
把甜蜜的偷吃
光亮地暴露
那两个快乐的小男孩
站在树下斑驳的光影里
仰望
藏在树叶中紫色的桑葚

如今
老屋已去
桑树无踪
岁月依然悠悠

站在树下的两个小男孩儿

后来
也再未相见

2016 年 11 月 4 日

重　复

昼夜
永不疲倦地交换着太阳和月亮
年轮
如约而至地呈现着四季的同样
我们
渐渐平静地接受了生老病死

重复
从来到这个世界
终将伴随我们的一生一世

不要厌恶重复
感谢重复让我们记忆模糊
否则
那么多截然不同的场景
真不知
该如何应付

既然活着离不开空气和水
既然宿命是亘古未变的轮回
你就绝不是那个变异的另类
何不习惯生命中有趣的重复
享遇重复中不同的心境
乐品重复中得失的滋味

重复是生活的智慧
习惯重复
才会享受生活的最美

2016 年 11 月 6 日

度　心

不再纠结得失
不再羡慕权贵
坐看窗外
叶生叶落　花开花谢
了然
一切都是虚妄的碌为

我用力清扫
那颗蒙满尘垢的心
不放过每一个不洁的角落
不饶恕每一次悸动的心跳
竟发现
总有扫不去的尘缘情愫
在心头紧紧缠绕

我放弃执着
不再理会过往烟云的缥缈
度化眼前的所有
只愿
让心儿
在春风里和畅
在秋月里澄明
在夏花中微笑
在冬雪中静好

2016 年 11 月 7 日

人生是一场旅行

人生是一场旅行
要尽情欣赏沿途的风景
别让刮入眼中的一颗沙粒
毁掉寻找的兴致
也别让映入眼帘的一片乌云
偷走阳光的心情

人生是一场旅行
一路上
不只是丽日和风　柳绿花红
也有疾风骤雨　景色凄清
放空自己
装下所有酸甜苦辣　幸与不幸
锻造处变不惊的气质
成就品质别样的人生

人生是一场没有回头的旅行
哪有机会捡拾丢失的脚印
哪有时间唤醒曾经的懵懂
走好当下的每一步
绝不瞻前顾后
只有目光坚定
让你我的人生不枉此行

2016 年 11 月 3 日

春之恋

为什么忧郁的眼神
穿落了一秋的缤纷
为什么湿漉漉的心头
挤不出一丝热腾腾的声音
不是冬天的脚步临近
而是衔草啄泥的春燕
还未掠剪蓝天下的白云

新鲜的柳笛
在春光灿烂的湖畔欢快地吹响
你站在岸边
悠然出落成俏丽婀娜的模样
阳光抚摸你柔美的浅笑
风儿把你的衣裙轻撩
你踩着一路的轻盈向我走来
百花芬芳　黄鹂嘤叫

清明在我的眼底泛起涟漪
心儿随着你的到来
恰如满面通红的少年
止不住地咚咚狂跳
你用天使般的容颜
让我如痴如醉地追逐
你用仙乐飘飘的天籁之音
唤醒了我迷失已久的心性

放纵着我
在你的怀抱尽情撒娇

你是我生命中注定的救赎
你清浅的一颦一笑
便是满心欢喜　　浪漫到老

2016 年 11 月 9 日

有种困难叫成长

崖壁雏鹰
怀揣满腹怨恨
奋力振翅
一点一点缘崖飞升
他拼尽全力飞向崖顶
去责问妈妈
为何不顾惜这幼小的生命

他用一腔委屈
拍打着崖顶
却看到妈妈噙满泪水的期盼里
漾满如释重负的笑容
突然
他摸摸自己变硬的翅膀
明白了妈妈无奈的苦衷
没有命悬一线的拼搏
哪来翱翔蓝天的神勇

有一种困难叫成长
有一种坎坷叫前行
有一种挫折叫成熟
有一种勇气
是置之死地而后生

2016 年 11 月 10 日

和懂你的人散步

和懂你的人散步
倾听心与心的畅谈
仿佛站在冰天雪地的恋人
相互拥抱　依偎取暖

和懂你的人散步
在恰好的距离
不近也不远
没有彼此的约束
却有相互的挂牵

和懂你的人散步
是云淡风轻的舒恬
不需娓娓道来
只要静静走下去
那身后的时光
便化作温润的玉
柔亮如月　静美如莲

和懂你的人散步
轻盈如蝶
不知不觉间
走了很远　很远

2016 年 11 月 14 日

风雨无阻脚步轻

告别了幼稚的顽皮
走进了青春的萌动
梦想
在翰墨书海里启程
意志
在远眺的目光中坚定

青春
不是嗨翻天的狂放
更不是沉湎无聊
拖沓懒散的碌碌庸庸
青春是播撒梦想的佳期
是尽情的付出
是辛勤的汗水
是理智的激情

蹉跎
辜负了光阴的馈赠
彷徨
茫然了青春的路程

莫等闲
让梦想与时光同行
让汗水在青春的容颜上
挂满水晶

迎着远方的召唤
燃起青春的烈焰
只争朝夕　万里鹏程
在追梦的路上
永远是
风雨无阻脚步轻

2016 年 11 月 15 日

秋 雾

你扯起贯天彻地的幕帐
让秋冬尽情缠斗
不泄露一丝声响
不袒露一点模样
你混沌了日月
让秋叶泛满依依不舍的泪光

你是秋日浓重的叹息
有化不开的哀怨
有缤纷簌落的凄凉
你用朦胧的眼眸
一遍遍打量
得与失的喜悦忧伤

你那密不透风的浓情
拥抱了天地
亲吻了万物
是离别前真情的告白
在冬风苏醒的刹那
便决然化作
漫天晶莹的雪花

2016 年 11 月 16 日

秋叶不会凋零

你用醉人的艳黄
扮靓了秋日的霓裳
追逐赞美的蜜意浓情
溢满柔亮轻盈的白云
溢出秋风嫉妒的呜咽
溢得秋水情长　秋波微漾

你风中柔美的身段
是名伶纯熟完美的演出
那清丽绝美的舞姿
迷醉了多少痴狂的票友
妖娆了多少秋日
翩翩而至的遐想

你的美不会凋零
飘落也不是生命的绝唱
你是秋的精灵
是秋的使者
你终于如愿以偿
投入这片深深眷恋的土地
紧紧贴在胸膛
脱掉疲惫　轻言浅唱

2016 年 11 月 17 日

你没那么重要

别太在意有心无心的赞美
也不要计较有意无意的嘲笑
把心的高度下调
打败自以为是的心魔
让身心和谐相处　同频共振
如此便好

其实你没那么重要
即使叱咤风云　扭转乾坤
在历史不尽的长河中
也不过是一朵小小的浪花
瞬间散落　虚无缥缈

听从内心的声音
寻找触地的幸福
别让狂傲的自尊冲昏头脑
自是何尝不是负累
束缚了洒脱的自由
禁锢着敢作敢为的手脚

成熟自己
用平常的心态看待一切
偶有的自我调侃
才是生活的情调

人生苦短

莫添烦恼

重要

其实真的不重要

2016 年 11 月 18 日

你若不来 我怎敢老

在时间无涯的荒野中
你再次盛放美好
我不经意一瞥
心儿欢快一跳
眸儿盛满美好
意志垮塌成一片瓦砾
火苗在天堂熊熊燃烧

再见如初
容颜已老

我知道
千年之缘
也不尽终成眷属
圆满
只是个弹性指标

我听说
世间所有的相遇
都是久别的重逢
你若不来 我怎敢老

2016 年 11 月 19 日

聆听心灵的呼唤

红尘熙攘
繁华了孤独的人生
浪漫了平淡的生活
一直就这样走着
习惯了红尘的裹挟
享受着熙攘的快乐
从早到晚
从年初到岁末

在爱不释手的手机里
微信微博
在呼来唤去的酒桌上
觥筹交错
在隆重华丽的婚礼中
来回穿梭
哪个是我
我又是哪个

这是个湍急的漩涡
我们就这样
浑噩地旋转
心甘情愿丢失了自我
再也听不到心灵的呼唤
嘈杂的生活
已把真我湮没

这不是我想要的生活
身心疲惫　利益纠葛
思想被绑架
修行被别人牵着

唤醒自己吧
找回迷失已久的真我
身外的世界
再也无法孕育易经的智慧
人类也变得越来越脆弱

聆听心灵的呼唤
救赎自我
让思想的翅膀飞得更高
让行为的脚步走得更远
初心不改　始终如一
凭心而做　自然朴拙
这才是随心而动
惬意畅达的真我

2016 年 11 月 20 日

谁安暖了我的流年

流年逝水
轻轻涵养安暖如初的往事
风一样的岁月
掠走痛苦忧伤的记忆
只留下
一汪清月　一抹暖阳

染秋枫红
无垠麦黄
勾起多少遐思妙想
青岚氤氲
酥雨入梦
濡湿了多少温暖的缱绻

花开花谢
缘聚缘散
珍惜每一个
映入眼眸的瞬间
蛐哝鸟鸣
泉涌瀑泻
倾听每一次
撩拨耳畔的心弦

你撑起一把天堂伞
荫庇我静美的流年

纵然微笑长满了皱纹

心儿依旧

停留在幻梦稚嫩的童年

独享安暖

2016 年 11 月 22 日

让感恩永镌于心

温暖总在心中流淌
一如江河奔向海洋
又如花朵明媚了春光
我用心灵叩问
那些感动生命的过往
是否深深镌刻　念念不忘

良心从来都是温柔的血脉
感恩是血脉欢快的奔放
时光聆听着奉献的赞歌
也闪耀着善行感动的光芒

感恩父母无私一生的养育
感恩爱人风雨搀扶的坚强
感恩友人一路殷殷的祝福
感恩所有点点滴滴的馈赠
用感恩的行动
谱写生命中最华彩的乐章

别抱怨生活的残缺
也别悲怆命运的苍凉
别让冷漠冰封心情
更别让发霉的晦气押赴刑场
既然上天赐予生命
就别辜负这份天大的机缘

用倔强快意的成长
感恩生命的不易　生活的薄凉

不管坦途　还是崎岖
不论阴霾　还是阳光
只要常怀感恩　常行善举
所有的沮丧
都会冰雪消融
乍泄漫山遍野的无限春光

2016 年 11 月 24 日

故乡　在梦里依偎躲藏

有一条路　通往故乡
当夜幕降临的时候
我乘着月光上路
去幽会故乡的模样

村西的小河静静流淌
河水粼粼波光　清澈透亮
村边的池塘
几个欢快嬉戏的少年
光溜溜地
互相涂抹着湿腥的青泥
扰得睡蝉　一声惊叫
飞得不知去向

街头卖油郎
一声高一声低地叫卖
辘辘了多少饥肠
晴晌
那个卖泥娃娃的老人
把拨浪鼓摇出诱人的声响
摇醒了多少孩子的睡梦
哪管烈日当头
光着脚围满火辣辣的目光

清晨微亮的街头

独轮车碾压着坚硬冰冷的街巷
尾音长长的豆腐老乡
伴着一声声清脆的木梆
从窗台溜上我的土炕

我睁开睡眼　泪落两行
故乡
是长不大的记忆
永远在梦里依偎躲藏

2016 年 11 月 26 日

好想被你麻烦

不想让时间把你我疏远
不想让空间把你我隔断
不想让繁忙冷落了问候
不想让情感在失去里遗憾

你是我一生骨肉相连的亲人啊
被你麻烦
是感恩报答的理所当然
你是我一世情同手足的挚友伙伴
被你麻烦
是永不见外的心甘情愿

不想麻烦
是把陌生的种子埋入心田
不再麻烦
是对旷世情缘的一刀两断

没有纠缠不清的相互麻烦
如何修得高山流水的心意相连
没有磕磕绊绊的相互麻烦
哪来倾肠倒腹的心灵温暖

你是我今生的挚爱
好想被你麻烦

在生命中的每一天

2016 年 11 月 27 日

背叛了当初的自己

在豪情万丈的少年
我偷偷把一粒种子埋进心底
长大后一定要做真实的自己

不卑不亢地前行
即便前路凄风冷雨
也昂首挺胸　从不躲避

心直口快地讲话
哪怕乌云密布
澎湃着怒意
我也无所畏惧痛快淋漓

堂堂正正地做人
不染庸俗市侩
不搞阴谋诡计
相信
只要用辛勤的汗水浇灌
就一定绽放出美丽

如今
不知不觉背叛了自己
我用顺从赶走了倔强
用无视埋葬了犀利
用笑脸迎合了俗气

用酒精麻醉了正义

是坎坷让我学会了选择
还是磨难让我讲究了自律
是孤立让我学会了逢迎
还是利益让我懂得了放弃

社会熔炼了我的棱角
时光消磨了我的锐气

我拼命地回忆
那粒种子发芽成长的轨迹
可我怎么也想不起
从什么时候
在哪个地方
就发生了基因的转移

我拼命地寻找
少年心中那个梦想的自己
在喧嚣汹涌的人潮
在沽名钓誉的文艺
在尔虞我诈的商机
可我怎么也找不到
你隐藏的蛛丝马迹

我苦苦寻觅
不言放弃
我仿佛听到了你的声音

在一隅阴暗的角落
独自伤心地哭泣
我赶紧心疼地把你搂在怀里

我要带你回家
因为
你不知道
我是多么鄙视现在的自己

2016 年 11 月 30 日

相信生活

生活是时光如影的伙伴
有风和日丽
也有阴雨绵绵
生活是没有剧本的导演
有幸福美满
也有满腹心酸
生活是浩如烟海的经卷
阅尽人生无数
总能找到属于你的答案

生活给我们以坎坷
我们就报以爬起来的呐喊
在挫折的熔炉中把意志锤炼
生活给我们以灾难
我们就报以站起来的微笑
在废墟上重建美丽的家园

不要嗟叹生活的不易
也不要感喟命运的时艰
即便不是大任于斯的考验
栽几个跟头
过几道沟坎
也会成熟你的心智
历练你的经验

相信生活

乐观面对

一切的不快都会烟消云散

相信生活

勇往直前

人生哪有过不去的火焰山

2016 年 11 月 30 日

过一个精致的冬季

过一个精致的冬季
把思绪缓缓梳理
用轻飘曼舞的雪花
用静美晶莹的树挂

就这样悠悠地踱着
一抬头
看雀儿在琼枝上回头啄羽
一片冰凉
瞬间润湿了我浅笑的脸颊

过一个精致的冬季
择一处僻静的暖屋
静卧窗旁
闲读几笺精美的文章
在心头回转荡漾
偶尔
目光悄悄溜出窗外
去约会冬日那一抹羞涩的残阳

过一个精致的冬季
不声也不响
静静沉淀时光里所有的过往
修行一枚智慧的舍利

在心中温润珍藏

2016 年 12 月 1 日

走进中年

当速度与冲动成为怀念
当责任在肩头磨出新茧
当青春的智慧不再沉淀
我收获着理智与成熟
走进不惑的中年

走进中年
让信心跳动出有力的节拍
走进中年
把人生描绘得更加精彩绚烂

中年的激情是和暖的秋阳
沉醉了高粱的绯红
孕育出苞谷的金黄
中年的深情是清明的月亮
静雅了一帘幽梦
驱散了黑夜的漫长

中年是生命的黄金时光
埋葬了狂热的躁动
洞明了世事的沧桑
积淀了人生的阅历
蓄满了智慧的能量
一切都胸有成竹
一切都准备妥当

理想在这里冲刺
信念在这里扬帆远航

中年是甘醇的佳酿
中年是馥郁的芬芳
中年是收获的季节
中年是人生乐章中
最雄浑壮丽的唱响

2016 年 12 月 3 日

音乐是一种生活

在音乐中徜徉
让心情轻松流浪
没有世俗的袭扰
没有窒息的紧张

在音乐中畅想
让思绪自由飞翔
去拥抱蓝天白云的纯洁
去仰望浩瀚无垠的星光

在音乐中凝望
让双眸洞悉过往
笑看人情冷暖
细品世态炎凉

在音乐中渴望
让盛宴在耳畔奏响
倾听挚爱如歌的絮语
让涟漪在心底一波波荡漾

音乐是一种生活
或急或缓　或弱或强
或欢快如蹦跳的溪水
或忧伤如凄美的落黄

好想在音乐里彳亍

忘掉三千红尘

只愿

伴你地老天荒

2016 年 12 月 4 日

只想和你在一起

初识你的美好
宛若栀子花开的清香
又嫣然成
雨巷中那个丁香一样的姑娘
让我的双眸顾盼生怜
心欢难忘

日子轻盈
阳光明媚
花丛中蝶舞蜂飞
惹得鸟儿
在纤瘦的枝条蹦跳欢唱

我们的时光
徜徉在海滩湖畔
流连在大漠胡杨
欢笑在田野牧场
缠绵依依
相许相望

我们的情缘
浓郁出七彩的羽毛
沐浴着金色的阳光

我们的故事

羽化成翩翩的翅膀

在蓝天白云间悠然飘翔

2016 年 12 月 5 日

陌上花开　只盼君来

春风翩跹
绿染陌上
蜂飞蝶舞
阡陌繁花竞放
或绰约娉婷
或巧笑嫣然
或清丽素雅
或摇曳逐欢
羡煞春光无限
只待君至缠绵

花开有时
望眼欲穿
孤芳自赏
顾影自怜
那堪寂寞无眠

愿用绝世娇艳
换君今生相见
莫待
风情苍白
烟逝云散
香殒谁怜

2016 年 12 月 7 日

邂逅春雨

邂逅
在一场绵绵的春雨
心中落满了沁凉的甘甜
耳畔
是动听的沙沙雨线
柳芽儿
睁开了惺忪的睡眼
小草儿
呼吸着湿漉漉的舒恬
留恋
在春雨的纤手中缠绵

干涸等了那么久
嗓音都嘶哑无言
太阳把白云驱赶
乌云何时密布
我们都在
祈求仁慈的苍天

太阳掩面而泣
惹出春雨涟涟
一切都是那么有画面感
山川朦胧　大地安然
春燕飞剪着雨丝
春风抚摸着条条雨线

下吧

这久盼的甘霖

听吧

这动听的琴弦

让曼妙的春雨

染绿水灵灵的大地

让轻溅的雨花儿

唤醒春天的百花园

2016 年 12 月 10 日

聆听冬雪

你着一袭洁白的羽衣
从遥远的天外飞来
优雅盛开在寂寞的冬季
你美艳了那青灰色的面庞
陪伴她在星光满天的冬夜
窃窃私语

喜欢你漫天而至的绰约风姿
那轻飘曼舞的缱绻
是对秋的依恋
那簌簌落下的率真
是对春的希冀
你是多么的深情
用厚厚的雪衣
抚爱冰冷的冬季

你是绝美的女子
朝霞羞红了你的脸儿
月光照亮了你的白皙
就连冷艳的梅花
也无奈地躲藏
偷偷欣赏你的美丽

你是冬日的精灵
你是春天的回忆

你是四季里最多情的盛放
你是撒翠播绿的春水传奇

2016 年 12 月 11 日

相信未来在手中

没有满意的现实
就会有改变的冲动
没有执着的追求
就只能相守平庸

别纠结一时的失败
也别紧盯黑暗的阴影
调整心态　意志坚定
让失败给成功助力
让阴影培育出震炫的光明

人生
哪有一路的顺水顺风
磨难和挫折
也是一道回望的风景
痛苦和眼泪
同样是跨越后的羞涩表情
紧握双拳
风雨兼程
相信未来就在手中

不要对生活绝望
也不要总抱怨命运的不公
好运不会对坚持无动于衷
有多大的磨难

就一定会有多大的成功

只要相信未来

一切都在意料之中

2016 年 12 月 12 日

和美好会心一笑

我用微笑迎接每一个黎明
和太阳一起叫醒清脆的百灵
玫瑰花打扮了露珠的晶莹
娃娃们好奇地眨着美丽的眼睛
心动
把美好酿一杯飘香的甘露
饮下
滋润每一根跳动的神经

我用微笑拥抱每一次善良
让温暖驱赶冷漠的人性
让正义把邪恶打得无处遁形
让涓涓善行
汇成滔滔江河
在绿色富饶的心灵家园
滚滚流动

我用微笑留住每一份亲情
不管是初次相逢的美好
还是卿卿我我的朝夕与共
时空的遇见
芸芸的众生
怎能让这份罕见的偶然
似流星
匆匆划出缘分的天空

和所有的美好会心一笑
让灿烂的心情
化作一江春水
在生命奔腾不息的长河中
纵情交汇　翻山越岭

2016 年 12 月 16 日

把骄傲留给自己

当时光穿越生命
留下一串串足迹
当爱心照亮阴暗
洒下一星星慰藉
当责任破土抽芽
拱出一片片新绿
不要忘记
把骄傲留给自己

别把压力深埋在心底
释放出来
让心儿欢快　跳动有力
也别让委屈长满泪滴
拽住阳光
驱赶走生活中所有的忧郁
人生倘若凄风冷雨
骄傲就是
挡雨的伞　遮风的衣

把骄傲留给自己
别在意别人的目光
也别顾忌他人的流言蜚语
无愧于心　坦荡为人
何必让自己躲在别人的阴影里

让美好滑入眼眸
让愉悦盛放心底
骄傲是人生的加油站
点赞生命　喝彩自己
让生活处处充满澎湃的动力

2016 年 12 月 18 日

苟且还是远方

在艰难打拼的路上
疲惫渴望舒适的酣睡
痛苦寻找幸福的泪光
这样的苟且
只属于年富力强

老态龙钟的苟且
是在审判无情的过往
那该是享受收获的季节啊
却还要弯下腰播种凄凉

不要诅咒当下的苟且
也不要艳羡别人的远方
风雨后的彩虹最美丽
长征后的胜利最辉煌
即便是现在的苟且
背后依然是火辣辣的目光

苟且是现实的成长
远方是苟且坚定的向往

2016 年 12 月 19 日

给心灵瘦身

欲望在心中滋长蔓延
诱惑在红尘搔首弄姿
心灵的港湾霓虹闪烁
我们那可怜的肉体
牵手丰腴火热的心灵
奔向狂躁　漫无目的

世界的纷繁芜杂
给选择出了难题
让心灵荡起涟漪
方寸已乱的初心
迷失给人情世故
跌落进灯红酒绿

身不由己的疲惫
气喘吁吁　冷汗淋漓
从四肢百骸到形影不离
慌张急迫的心灵
依然用冷漠的皮鞭拼命抽打
旋转不停的身体
攀比和倔强绑架了自己

不知有多久
没有叩问过自己
初心在哪里哭泣

简单在哪里躲避

不知有多久

没有警醒过自己

这是猝死的节奏

生活早已偏离了生命的本意

给心灵瘦身

拆掉所有心慌的巢穴

拔除疯狂生长的野草

让心灵的行囊中

只剩初心的轻松　简单的惬意

生命本属自然

别让自己背叛时序的规律

2016 年 12 月 21 日

背叛了你的诺言

闭上眼
是你如花的笑靥
扑面而来的夏风
舞动着你美丽的霓裳
此刻的时光
弥漫着甜甜的味道
一声鸣响的蝉
惊醒了梦幻的徜徉

不知何时
你远离了我的视线
用急功近利的纤手
拉上了自以为是的另一半
我用心叮咛
那早晚会是个真实的谎言
你无可奈何地摇着头
这是命中的缘

时间背叛了你的浪漫
你用世俗的双眼
背叛了热辣辣的诺言

2016 年 12 月 22 日

一场轰轰烈烈的爱恋

不喜欢花前月下的温柔
不喜欢卿卿我我的缠绵
在爱情的多维世界里
狂风暴雨的热烈
才是一场痛快淋漓的盛宴

温柔和缠绵
是风平浪静的港湾
不驶向大海
谁知道爱情这条船能走多远

火花四溅的激越
劈波斩浪的勇敢
浪涛经年不息地拍岸
演绎着水击石穿的千古爱恋

让爱恋尽情宣泄
不要遮遮掩掩
让煽情的眼泪恣意横流
这才是最动人的浪漫

爱情是生活美妙的乐章
别留下回首的遗憾
大胆地敞开心扉
挣脱世俗的羁绊

让爱情摇曳出岁月灿烂的诗篇

2016 年 12 月 22 日

你是东方升起的太阳

你洋溢着盛夏的热情
把馥郁的芬芳播洒
你乍泄一地煦暖的春光
把冷漠僵硬的冰雪融化
你是妙趣横生的天使
让幸福的欢笑走进万家

没有张扬不羁的傲慢
更没有深谙世故的圆滑
没有趋炎附势的阿谀
只有以诚相待的熠熠光华

也许
时光会苍老你的容颜
也许
岁月会踯躅你的步伐
但浓浓的挚爱
已在你的眼眸生根发芽
开满永不凋谢的四季花

你是东方升起的太阳
身披满天炫舞的朝霞
你用大爱无言的深情
蓬勃出鲜活的能量
温暖海角天涯

抚爱春秋冬夏

2016 年 12 月 23 日

做一剪生动的梅花

耐不住寂寞的冬
用风的呼唤
雪的拍打
唤醒一簇簇斑斓的梅花
陪伴漫漫孤寂的冬
走过空旷坚硬的四野
偷听寒星冷月的情话

梅是冬最炫丽的独舞
嫩蕊轻摇的妩媚
冷艳绝世的奇葩
含苞欲放的娇羞
舒展恣意的潇洒

是冬选择了梅
忠贞不渝的品格
是梅生动了冬
苍白灰暗的脸颊
梅把不离不弃演绎成神话
即便
冬绝情地走进春的怀抱
梅
依然在溶溶的春水里苦苦找寻
那片洁白
那段相依相偎的佳话

愿做一剪生动的梅花
怒放在冬贫寒的怀抱
无怨无悔
不慕奢华

2016 年 12 月 24 日

寻找幸福的模样

扯起生命的风帆远航
带上浸满汗水的时光
去寻找幸福的模样

我来到肥美的草原
看到朵朵白云
在绿色的锦缎上飘荡
听到洁白的毡房里
马头琴在欢快地悠扬

我来到金色的沙滩
看到年轻的情侣
徜徉在月光下
偷听那软软的蜜语
和着轻轻拍打的波浪

我走到田间地头
看那满眼生机勃勃的景象
一定牵引着期盼的目光
用心聆听
拔节抽穗的喜悦声响

我把幸福深藏在胸膛
让时光停留
让心儿欢畅

独自慢慢端详幸福的模样

幸福是久盼成真的梦想
幸福是那枚温润如玉的月亮
幸福是溢满皱纹的憨厚微笑
幸福是苦尽甘来的点点泪光

2016 年 12 月 27 日

在人生四季里吟唱

那一声清脆的啼哭
是我第一次留给世界的音响
没有眼泪
却很嘹亮
那是孕育了十个月的一声春雷
告诉时光
我的生命
从此启航

我在命悬一线中
走出襁褓
我在饥肠辘辘中
和小伙伴们玩耍在街巷
虽然没有体面的衣裳
整天一副脏兮兮的模样
但小脚丫上沾满了快乐
小脑瓜儿里长满了梦想

我用石笔在石板上
第一次认真写上我的名字
我用稚嫩的目光
翻看浸满油墨的书香
贪婪地吮吸
快乐地成长
尽管还有放学后

农活儿的牵绊
尽管煤油灯
摇曳出昏黄微弱的荧光
却依然挡不住
探索的脚步
求知的欲望

迈进大学荣光的殿堂
十年寒窗终究如愿以偿
我把青春和梦想
留在明亮安静的图书馆
留在井然求索的课堂
留在激扬风发的文字里
留在滔滔不绝的辩论场

怀揣着满腔热血
洋溢着满脸幸福
迈入社会　踏进职场
我用敬业拼搏的精神
经得起良心的拷问
不辱没职业的形象
我用始终如一的勤勉
在风雨兼程中默默担当

烈火
燃烧了我的躯体
蹒跚了我的脚步
却也锤炼了我生存的意志

让我变得更加坚强
热爱生活　　珍爱生命
从来没有像现在这样
豪情奔涌
时刻在我的心中澎湃激荡

在人生的四季里吟唱
不论是阳光明媚
还是黄沙飞扬
也不论惠风和畅
还是寒风冷霜
既然美好的生命选择了你
就别再悲观沮丧
一切向前看
让心态在生活中放歌
让生活在自信中飞翔
活出精彩　　干得漂亮

2016 年 12 月 28 日

美丽的树挂

你是雾气缠绕枝头
魔变的娃娃
你是冬日里
盛大绽放的美丽琼花
你是冬树待嫁的新娘
着一袭洁白的婚纱
晨光下
娇羞了动人的脸颊

是谁在树下坏坏地飞踹
惹得晶莹簌簌落下
你
沁凉了那个红艳艳的娇躯
于是
在银铃般的欢笑里
有青春欢快的你追我打

你把灰暗的枝条银装素裹
你让寂寞的冬季妖娆无瑕
你是冬雪立体的美丽
你是漫山遍野的玉树琼花

你俏立枝头
仰望蓝天
凝视大地

轻轻讲述冬日里最诱人的童话

2017 年 1 月 2 日

寻找心灵的家园

走过世故的虚艳浮华
本应真实素颜的脸
闪烁着油腻的虚假

生动的扮相
娴熟的唱念做打
舞台旋转着诱惑的霓虹
呐喊、掌声和鲜花
燃烧着殆尽的激情
几时谢幕
让疲惫的心回家

欲望在名利横流的社会里
长成一株妖艳的罂粟花
刺激着毒瘾一次次发作
身体在虚幻中憔悴
意志在挣扎中垮塌
心灵虚弱得无力呻吟
行尸走肉　亡命天涯

那份质朴的率真
输给了心机的尔虞我诈
那份秋水般的澄澈宁静
淹没给无边无际的躁动喧哗
那份张扬无忌的个性

惨败给岁月无尽的冲刷

自然美丽的心灵家园
你到底在哪儿
我远离世俗的纷扰
静坐菩提树下
缓缓度化欲念的执着
让心卸下所有的孽缘
慢慢盛开
一朵洁白的莲花

2017 年 1 月 4 日

红尘有你

有一种相遇叫不期
有一种相思叫沉迷
有一种厮守在心底
有一种幸福是红尘中有你

平静的心湖
漾起波光生动的涟漪
你盈盈的笑
泛满柔情蜜意
欢快跳动着迷人的旋律

月光如洗
你恰如一缕和煦的夜风
悄悄溜进我的梦里
那份甜蜜羞怯的相依
被月亮痴情凝望
屏息了秋虫的轻吟软语

时光频传爱意
红尘中妩媚如蝶的你
缱绻着我形影不离
我愿羽化成一只翩飞的彩蝶
停落在你的心头
长情告白

相偎相依

2017 年 1 月 5 日

愿做天上一片云

那一网三千红尘
牢牢缚住自由的心
我是一尾呼吸困难的鱼
浮出水面
向往蓝天上的那片云

喜欢孩提时的无邪天真
哭笑自然由心
只管自己好恶
不理阴晴冷暖
不问世事纷纷

生活的阅历唤醒了顾盼的谨慎
四季的风雨长满了沧桑的年轮
我生命中的喜怒哀乐
已身不由己
嫁给别人

不再有信马由缰的自由
不再有舍我其谁的精神
心灵的家园被洗劫瓜分
只留下言不由衷的灵魂

好想做天上的那片云
让风儿伴我流浪

让阳光照耀我轻柔纯洁的心
即使飘落天边
化作一片云霞
也把自己打扮得美丽动人

2017 年 1 月 8 日

我从地平线上走来

我从地平线上走来
伴着新鲜的朝阳
顶着晶莹的晨露
唤醒了贪睡的天籁

我用四季的轮回
把幸福之门轻轻叩开
用欢笑驱散心头的阴霾
用热情拥抱生命的多彩
我放歌每一寸光阴
故事的主题永远是热爱

我在从容中迈过坎坷
用摇头的微笑面对无奈
人生的风雨
总在意料之外
我却留给世界
乐观的心态
勇敢的风采

人生不是一场比赛
别让
虚妄的名利
劳心的攀比
把阳光的自己伤害

活出生命自我的精彩
总相信
地平线是夕阳的归宿
我却从地平线上走来

2017 年 1 月 9 日

回望风雨

回首那些来时的风雨
没有怨天尤人的悲戚
也没有侥幸逃脱的窃喜
栉风沐雨的经历
坚强了生命的单薄
历练出厚重的气息

我的风雨
总是那么毫无征兆　措手不及
彼时还晴空万里
此时早已腥风血雨
那毁灭生命的汹汹气势
撕咬着我单薄的躯体
命悬一线　奄奄一息

我用韧性的挣扎
在风雨中爬起
我带着风雨的印记
再次投入崭新生活的怀抱
心底
依然没有不堪回首的垂头丧气

回望风雨
我化作一道彩虹的靓丽
经历风雨

我迸发出旺盛的生命力

在未来的路上
也许还有狂风暴雨
也许还有始料未及
但既然热爱生活
就该坦然面对
把每一次风雨
都当作一次生命的洗礼

2017 年 1 月 10 日

我的母亲

我的母亲
走得太匆忙
来不及殷殷地嘱托
便化作一缕和风
从此
飘入我的梦境

我的母亲
平凡得如同一把泥土
虽然目不识丁
也不会循循善诱地启蒙
但她用起早贪黑的忙碌
养育了我的生命
哺育着我勤奋的坦诚

一想起顶撞母亲的生硬
我的心就隐隐作痛
一想起让母亲担忧的岁月
那片阴影
便挥之不去　不淡反浓

我拿什么来救赎
我用什么来孝敬
苍天不语
大地无声

耳畔划过
孤雁撕心的悲鸣

时光匆匆
泪眼盈盈
再也看不到母亲的身影
再也不能报答母亲的恩情
我多想把时光揉碎
再深深看上一眼
母亲慈祥的面容

2017 年 1 月 11 日

分享是一种快乐

春风把和煦分享给嫩黄
夏雨把葳蕤分享给牧场
秋月把清辉分享给大地
冬雪把洁白分享给暖阳
我用幸福的微笑
与所有美好的遇见分享

人生苦短
地久天长
别让孤独荒凉了人生的繁华
别让寂寞窒息了生命的坚强
分享忙碌
让焦虑的倦怠静静靠港
分享经验
让憧憬的梦想快快成长
分享健康
让生命的时光活力奔放
分享爱心
让阴暗的角落充满阳光

分享是一种快乐
分享是一种向上的能量
分享
让我们的心紧紧相连
分享

让我们的爱播洒四方
学会分享
让生命
在美好的生活中芬芳茁壮

2017 年 1 月 13 日

迎接每一个黎明

东方的那颗启明星
远远地向我眨着眼睛
暗淡的天际
探出一抹新生的绛红
我深吸一口饱沾甘露的空气
张开双臂
迎接每一个灿烂的黎明

我把每一个鲜活的清晨
都当成生命的又一次重生
我让每一缕扑面的晨风
鼓荡了朝气　蓬勃喷涌
迎着晨光　满怀激情
谋定好一日之计的美妙憧憬

不谋一晨
何以谋一日
不谋一日
何以谋一生

让我们
在元气丰沛的清晨祈祷
无论忙碌　还是休闲
满足永远在心中充盈
让我们

在活力四射的朝霞下祈盼

今天

幸福平安

明天

又是一个属于你我的黎明

2017 年 1 月 15 日

天若有情

你是永恒的舞台
白昼任由太阳
火热地演出
黑夜放纵星月
缱绻不舍地谢幕

你是包容的太极
深藏着宇宙万物
你的边际在哪里
我从未放弃探寻的脚步
星光是眨着眼睛的迷茫
阳光是日行万里苦苦追问的企图
我思想的触角在你的深邃中跌落
但你
从不把答案告诉
我只知道
你博大的胸襟里是无言的苦

你用阳光雨露
哺育所有的生灵
你用月光如水
慰藉心灵的孤独
你用滚滚的雷鸣
唤醒生命的敬畏
你用乌云密布

告诫人生不是一条光明的坦途

天若有情天亦老
那是对你博爱的心疼
天若有情天亦恒
那是你不眠不休的使命
我用生命的多情
与你一起
同频跳动　灵犀相通

2017 年 1 月 18 日

喜欢你

喜欢你轻盈的缭绕
喜欢你淡淡香气的味道
你让我的深思充满魅力
你让我的紧张平和静好

他们都说你是毒药
可我
不知从何时起
喜欢你指尖上的舞蹈
你用生命的代价
盘桓在我的身旁
让我的思绪迸发出精妙

偶尔
也想远离你的诱惑
可一转身
无法抵挡
又开始把你苦苦寻找
我知道
对你
我已依赖得无可救药

2017 年 1 月 19 日

让思想走出樊笼

浩瀚无垠的星空
孕育出多少悠远遐思的遨游
异彩纷呈的人生
启迪了多少纷繁芜杂的思考
我们的生命
无谓消耗了多少奇思妙想
任时光匆匆

我们是思想的耕耘者
一遍又一遍
却总看不到播种
我们是浪漫的梦想家
一程又一程
却总在现实中遗落梦境

为什么
让思想胎死腹中
为什么
让梦想枯萎凋零
是瞻前顾后的恐惧
还是懒惰成性的纵容

趁生命还有激情
趁光阴的故事还延续着时空
赶紧

让思想走出樊笼

让梦想照亮人生

让行动去践行信心满满的愿景

2017 年 1 月 20 日

别让懒惰辜负了梦想

曾经的誓言
在耳畔铮铮作响
曾经的梦想
在心里欢悦荡漾
可眼下的美好
踯躅了跋涉的脚步
于是
你沉浸在乐不思蜀的癖好里
消磨着不太奢侈的时光
把远方的目标渐渐遗忘

等待是懒惰本分的模样
沉迷于一时之乐的忙碌
耗尽生命的精气神
更是懒惰变异的自画像

别让密集疯狂的享乐
悄悄偷走你的梦想
也别让无所事事的等待
痴呆你远大的目光
做好分秒必争的当下
梦想
就一定会
翩翩而至　如愿以偿

2017 年 1 月 22 日

有一种浓情叫发小

你是时光里抹不掉的记忆
天各一方
也把你细数珍藏

你是童年里无猜的快乐
蓦然回首
依然是你稚气未脱的脸庞

曾几何时
以为
在纷飞的红尘把你遗忘
可是
在月朗星稀的那个晚上
月光轻叩窗棂
你依然缱绻在我的梦乡

我知道
你是浓得化也化不开的蜜意
在我饱经世事沧桑的心中
甜甜地躲藏

有了你的陪伴
童年才成为最美妙的时光
那份快乐
是光着脚丫的欢声笑语

那份幸福
是张开四肢的酣甜梦乡
如今
你过得怎样
是否如我这般沧桑
还是幸福得一如既往

2017 年 1 月 25 日

从容是对生命的尊重

在追求梦想的路上
你披满一身风霜
那烈火般的激情
把安静的夜空照亮

你在忙碌中渴望
你在疲惫里向往
你从不想停下来
看一看美丽的风景
更不想坐下来
品一品沁人心脾的茶香
你总是一副急匆匆的模样
追赶着时光
任由梦想撕咬你生命的单薄
不声不响

你忘掉了从容是生灵万物的自然
你背弃了春夏秋冬时序渐进的成长
你把生命抽打得忙乱紧张
可曾想到
报复
已拿好锁链
狞笑地走在路上

2017 年 1 月 25 日

年　在我的心中流淌

每一个对年的盼想
都始于腊八粥的清香
从那一天起
年
是一条苏醒的小河
在我的心中
越来越热切地流淌

都说年味儿变淡了
都说过年好累好紧张
可我依然盼望着过年
看看艳红的春联
听听鞭炮欢快地炸响
回家守候年迈的高堂
串亲访友把年的祝福送上

年是心情的放松
年是最浓的思乡
年是合家团圆的喜悦
年是最愉快的繁忙

我在静静守望
我看见年
已把彩灯挂满大街小巷
我发现年

偷偷躲在人山人海的商场

此时
那些无心上班的拼命三郎
你们的心
是否
早已被年牢牢捆绑

其实
年是一条魅力四射的小河
永远在我们的心中欢快地流淌

2017 年 1 月 26 日

故乡是珍藏在心底的回忆

不用刻意去想
你就在那里
抹都抹不去
时光的烙印
遗落在渐去渐远的路上
转回头
你却越来越清晰

时常在梦中与你约会相依
深情凝望你不改的容颜
细心聆听你熟悉的呼吸
我紧紧偎依着你的温暖
不肯放手　难舍难离
任泪水濡湿流淌在心底

故乡是植入记忆的根须
就算岁月孕养得枝繁叶茂
我依然不会忘记
泥土下有你浓烈的气息

故乡
在炊烟袅袅的美丽乡村
故乡
在质朴醇厚的清秀山里
故乡

是晨曦里波光粼粼的小河
故乡
是月光下你追我赶的童趣

有人问
故乡在哪里
我一刻都没有犹豫
故乡
一定是儿时最快乐的地方
是永远珍藏在心底的回忆

2017 年 1 月 28 日

做守望春天的雪

我愿用漫山遍野的洁白
守望你星星点点的绿色
我匍匐在地上
紧紧地拥你入怀
不想寒风把你吹透彻

可是
你从未见过我
当你张开双眼偷看世界的时候
我已融化了自己
变成你筋脉里汩汩的爱液
变成天空中飘荡的片片云朵
可
那已不再是我

我从未后悔过
一直喜欢在阳光下
静静做你的守望者
有时
还有点儿甜蜜的骄傲
因为
我正守望着一片希望的春色

2017 年 1 月 29 日

扬长避短是人生的靓丽风景

大千世界　芸芸众生
生存的本领各不相同
蜗牛缓慢地蠕动
猎豹飞快地驰骋
蜜蜂匆忙地采蜜
老母鸡在院中闲庭信步

神是公平的智者
让所有的存在异彩纷呈
他不会把所有的优点
都集于你的一身
也不会把所有的缺点
全部让你揽入怀中
要不
人生的旅程
怎么都是完美与遗憾的孪生

不要太在意自己的短板
不要太纠结自己的不行
别干鸡蛋碰石头的傻事
更别用短处与他人的长处赌输赢
否则
你一定会跌进越努力越失败的陷阱
你的人生
只有挣扎和挫折

没有快乐和光明

你的长处你最懂
别让补短的灰心丧气
把优点消耗得无影无踪
用辛勤的汗水成就你的优势
幸福的模样就一定会如影随形
扬长避短是一种生活的智慧
紧握长处　奋勇前行
更是一道人生的靓丽风景

2017 年 1 月 31 日

忘掉你我曾有的约定

我们的故事
总上演着跌宕起伏的剧情
经历春的希望
走过夏的繁盛
留恋秋的收获
感受冬的寒冷
周而复始
四季不同

也许温暖总在心中跳动
也许眼眸还饱含着深情
也许波澜本是修行的智慧
也许你还有更美的风景
但无论如何
你是否也和我一样
期盼
生命中最温馨的长情

时光也会老去
倦意渐渐萌生
不然
是谁苍老了你我曾经的约定
要么
忙碌怎么会把时间挤压成缝

不要总纠结过去的言行
不要把陈年老账算清
在行云流水的生活中
约定
只是当时美好的憧憬

2017 年 2 月 1 日

友谊在风雨中成长

在风平浪静的生活中
友谊是悦心养性的食粮
在艰难困苦的岁月里
友谊是温暖明亮的阳光
没有友谊的人生
该是何等的孤独凄凉
恰如
朔风凌厉　荒凉无迹的戈壁
周身是坚硬似铁的寒冷
到处是惨淡呼号的悲伤

真正的友谊
是架设在心中的桥梁
时空的转换
地位的升降
财富的变化
都不会坍塌这份牢固和坚强

肤浅的共享阳光
是友谊长不大的童年
真心的共担风雨
才是友谊的地久天长

祈愿
风和日丽　快乐相随的友谊

直面无奈的现实
也绝不回避
友谊
在风雨中茁壮成长

2017 年 2 月 4 日

做勇敢的自己

梅花在风雪的嘲笑中绽放
海燕在暴风雨中顽强洗礼
懦弱暗淡了生命的光华
勇敢
才是实现梦想的旌旗

不要低估自己的能力
也别在困难面前垂头丧气
既然
你是生命中独特的唯一
何不做最勇敢的自己

扯去怕输虚弱的外衣
擎起自信耀眼的火炬
不经历输不起的风雨
哪来迈向成功的经验阅历

别再瞻前顾后
也别再精心算计
让勇气在心中激荡澎湃
意料之外的收获
何尝不是人生美妙的惊喜

2017 年 2 月 6 日

恰好遇见你

恰好遇见你
在繁花似锦的明媚里
没有风的轻柔
也没有雨的飘逸
一只翩飞曼舞的彩蝶
推开一缕缕阳光
停落在我急不可待的心头
从此
你再也无法溜出我绵密的思绪

不知道怎样呵护你
是用玫瑰花的热烈奔放
还是百合花的浓郁香气
你是喜欢兰花的清幽淡雅
还是牡丹的华贵富丽
你坏坏地眨动着美眸
微笑不语

多想和你永远在一起
让时光艳羡
多想与你演绎不老的传奇
让浓浓的爱意
流淌在欢快的心底

你是我生命中

早已注定的一世情缘
因为
在最浪漫的季节
恰好
遇见最心动的你

2017 年 2 月 12 日

记得给自己放个假

生活总是那么匆忙
时间总是那么无暇
不知不觉
星光满天
我们搂着疲惫无奈睡下

事业的外衣光鲜了梦想
生活的压力加重了疲乏
我们失去了
日出而作　日落而息的田园
却让
熊熊燃烧的欲望牢牢驻扎

物质生活的疯狂攀比
精神享乐的纷繁复杂
诱惑着我们
忘记了昼夜也有轮替
驱赶着我们
一刻也不想停下
我们的心力
在奔跑中憔悴不堪
我们的健康
在透支中岌岌坍塌

别把生活的重担总扛在肩上

别让事业和责任把自己压垮
欲望是个填不满的无底洞
身体才是自己永远的家

珍爱生命　热爱生活
在忙忙碌碌的人生中
倦意袭来
记得给自己放个假

2017 年 2 月 13 日

我在春光里等你

经历美妙的四季
还是最爱春光里的你
那般纤柔温情的玉手
滑滑地抚摸着冰肤雪肌
润开了一帘帘春色的旖旎

一丛丛素馨的鹅黄
一剪剪娇嫩的柳绿
一树树夭夭的桃红
一朵朵犹怜如初的梨花带雨
烂漫了我荒芜的心田
如愿了我脉脉眺望的期许

每当这个时候
我就在春光里等你
聆听你袅娜轻盈的脚步
顾盼你流香溢彩的裙裾
你总是如约而至
可每一次
都让我
春心荡漾　情满依依

2017 年 2 月 14 日

春风化雨总关情

你那双深邃的眼睛
总是饱含着顾爱的深情
你用一腔热血
浇灌着一春春芬芬的桃李
你用奉献的人生
铺就了多少人锦绣的前程

你是点石成金的智者
开悟着冥顽不化的孩童
你是甘愿化雨的春风
催醒了千里莺啼
播撒着万点花红

财富的榜单上没有你的名字
耀眼的舞台上没有你的身影
可在光鲜亮丽的背后
分明有你晶莹的汗水
分明是你由衷喝彩的掌声

春秋三尺的讲台上
是你精彩悦耳的授业
莘莘求学的课堂上
有你穿梭解惑的互动
两袖清风鉴日月
一支粉笔绘人生

你是默默吐丝的春蚕
你是勤耕不辍的园丁
你用知识的光辉
照亮了学子前行的道路
你用道德的力量
育化着学子阳光的品行

没有投桃报李的市侩
只有呕心沥血的驰骋
你用传道授业的行动
演绎着让人肃然起敬的人生
一片丹心育桃李
春风化雨总关情

2017 年 2 月 17 日

你是我同甘共苦的骨肉兄弟

多想喊你一声兄弟
不让他久久盘桓在心里
多想听你诉说拼搏的艰辛
你却用憨憨的笑容
讲述着摧营拔寨的传奇

那满脸的沧桑
出卖了你开疆拓土的不易
那眼角深深的皱纹里
分明还隐藏着来不及擦干的泪滴

知道你是铁骨铮铮的男儿
也知道你总有不服输的勇气
其实
我更想知道
你刚强的背后到底是怎样的经历
或许是抛家舍业的思念
还有那烂醉如泥的哭泣
或许是被人拒绝的深深失望
还有那违心逢迎的陌生曲意
我多想走进你的心里
去抚慰深夜里烟雾缭绕的孤独
去搀扶泥泞中奋力跋涉的你
因为
你是我同甘共苦的骨肉兄弟

时光苍老了我们的容颜
却也深厚着我们的友谊
我们在风雨中并肩前行
我们在成长中牵手努力
没有什么能踯躅志同道合的脚步
没有什么能阻挡阳光四射的魅力
只要有你
我的好兄弟
未来一定是捷报频传的美妙四季

2017 年 2 月 18 日

你的幸福你做主

你的目光
一刻不停地追寻着幸福
晨光中松柔慢匀的太极
大路上青春健美的脚步
波光里结伴戏水的鸳鸯
生活中相亲相爱的搀扶
你好生羡慕
造化如此弄人
幸福为何总是你有我无

其实
你也有你的幸福
只不过
你对身外倾注了太多关注

放下明天的奢望
每天带上一颗感恩的心上路
温暖一定会在心中流淌
幸福一定会在心头驻足

别再放大看到的幸福
别让怨天尤人冷却生命的温度
让自爱的种子生根发芽
让人生的感动时时处处

你的幸福你做主

2017 年 2 月 20 日

和青春来一次约会

年轮无痕
躲藏在岁岁相同的春夏秋冬
一遍遍从容地轮回
时光不语
更迭着不变的日月光辉
把希望交给黑夜酽酽酝酿
把生活留给白昼细细品味

经历青春的无悔
就再也寻不回
那段豪迈如歌的岁月
就只能回望
那座精力四射的人生丰碑

时光
无声地吞噬着青春的容颜
岁月
无情地耕犁着一道道沟回
那壮美的青春
注定会在时空的斗转星移中
悄然隐退

既然别无选择
何不坦然面对

昨日
已羽化成抹不掉的记忆
今日
才是形神兼备的生命精髓
启航
带上曾经青春的装备
即使在光阴里找不到青春的轮回
也要让心灵勇敢穿越
和青春来一次久违的约会

2017 年 2 月 21 日

谱写生命的乐章

我们嘹亮地降临
伴着无尽的好奇与渴望
我们奋力攀爬
只为梦想在奔跑中飞翔

我们是生命的宠儿
在偶然中收获冥冥的幸运
我们是自己的拓荒者
在开枝散叶的路上茁壮成长

别辜负生命的眷顾
别感喟命运的沧桑
把努力当成一生的追求
哪怕泥泞中的风雨
哪怕坎坷里的踉跄
只要练就勇敢的翅膀
即便失败
也是坚毅无悔的目光

用知识编织智慧
用经验打磨坚强
用勤奋积蓄力量
用美好追逐向往
把握人生的每一次机遇
相信自己　此生不枉

生命的乐章就一定是
韵味醇厚　曲调悠扬

2017 年 2 月 25 日

过　山

那条窄窄的山路
崎岖又蜿蜒
风景就在山的那一边
我把手杖折断
太阳也累得下了山
懒得看一眼

汗水流到脚板
湿淋淋一片
牙齿磕出了松动
双腿开始打战
我喘着粗气
白着一张脸
微笑着
扑倒在山那边的风景线
我得意地吮吸着泥土
从此
我蔑视了山

2017 年 2 月 25 日

时光的脸

小时候
时光的脸
是白昼里深邃的藏蓝
是夜空中星星点点的幽暗
我使劲儿仰着脑壳
刺穿苍穹的隧道
总想偷看一眼世外的桃花源
我使劲儿敲着脑壳
层层拨开宇宙的无限
霎时间
头皮发麻　牙齿打战
赶紧抱着恐惧扭曲入眠

到如今
时光的脸
是俗气可亲的柴米油盐
是胀满四季的灼灼妖艳
低头
是孕养万物的勃勃大地
抬头
是日月交辉的悠悠长天
时光的脸
是清晰的今天
是盼望的明天
不再是

空洞的遥远

2017 年 2 月 26 日

我游走在江湖里

江湖的水越来越深
你一滴
我一滴
斑斓成千古之谜
一开始
心眼中流淌着小心翼翼
走得久了
疲惫　失望　成熟　欢愉
都麻醉了紧张的警惕
于是
你再也分不清
哪里是江湖
哪个是你

我游走在江湖里
任风尘
飘落进每一根跳动的神经
任炎凉
拷问漾在心底的阵阵涟漪
我光明而干净的微笑
我的江湖
属于我自己

2017 年 2 月 26 日

山谷幽兰

那道裸露贫瘠的山谷
有一株幽兰羞赧含苞
万年的寂寞等待
只为守盼
这一朵旷世的妖娆

山谷
毅然褪尽了僵硬的冷漠
那千年一笑
约来和风雨露的抚爱
唤来彩蝶轻盈欢快的舞蹈

一弯溶溶的新月
悄悄爬出静谧的山坳
偷听山谷无眠的呼吸
甜蜜的心跳

一不留神
弯月
温婉成山谷喜悦的眉梢

幽兰是山谷的生命
山谷是幽兰温情的怀抱
愿做猗猗幽兰

独占幸福静好

2017 年 2 月 28 日

把年轻在心底珍藏

不要追问我的年龄
我早已把它遗忘
在每一个缤纷的季节里
都有我多情的向往

喜欢在春日的晨光下
静待迎春花点点绽放
喜欢在夏季的炎热里
与海燕一起追风逐浪
喜欢在秋日的田野中
伴随丰收的脚步尽情歌唱
喜欢在冬季的雪被上
寻找生命萌动的景象

别让年龄把心情捆绑
别让叹息在皱纹里躲藏
人生的四季各有千秋
生命的历程到处都充满阳光

爱好是生活的加油站
好奇是青春跳动的心房
别停止探索的脚步
别让回忆凝滞远眺的目光
让每一天都涌动美好的向往
不枉生命殷殷的眷顾

把年轻在心底永远珍藏

2017 年 3 月 4 日

我生命中最难忘的女人

——献给三八节的你

在生死未卜的病床旁
有你不离不弃的呵护
在相夫教子的生活里
有你毫无怨言的倾情付出
都说男人是家里的顶梁柱
其实
你才是我们心坎上最美的幸福

你用无微不至的体贴
把我们征服
你用血脉相依的温暖
让我历经寒岁　风度一如
你用母亲殷殷的慈爱
让孩子们健康成长
即便离得再远　走得再久
那份浓情牵挂
也如星月相伴　朝夕共处

多想
在属于你的每一个节日里
把珍藏在心底的爱恋向你倾诉
一声声　一遍遍
不厌其烦地重复

多想
在时光渐老的岁月里
与你一起
安坐一隅　品茗读书

多想
在阳光斑驳的花荫柳径
与你一起
轻言缓语　相搀相扶

2017 年 3 月 7 日

做好人生的加减法

人生是四季的轮回
别奢望一世尽享的繁华
也别忧伤无尽的风吹雨打
有多少繁华
就有多少落寂
有多少风吹雨打
就有多少阳光灿烂的潇洒

时光有昼夜
四季有冬夏
生命都是自然的道法
既有如火如荼的尽情绽放
也有万木萧萧的幽怨嗟吁
舍得是人生的智慧
名利是一株妖艳的罂粟花

倦意袭来
枕清风明月安眠
阳光明媚
伴近水遥山出发
让惬意安暖似水的流年
不惧如磐风雨
不慕世间荣华
坦然面对
行止有度

做好人生的加减法

2017 年 3 月 9 日

我最伟大的父亲

我知道
父亲
我是您最好的礼物
我知道
父亲
我是您一生最大的骄傲
因为
您总把最深沉的爱
留在手心的老茧　手背的青筋

岁月的刻刀
只能给您的额头刻上皱纹
但永远
也划不尽
您深爱着我的那颗不老的心

您那块粗粝的磨刀石
总把拙钝的刀剪开刃
您那辆破旧的自行车
扬起一缕缕爱我的烟尘

您总担心
我不如您优秀
您总惦念
我伤残的身体如何撑起

本应属于我的责任
您已近耄耋
还在为我的生活日夜打拼
我最伟大的父亲

生活的磨难
只会坚强我的信心
风雨如晦的日子
只会让我
更加渴盼阳光灿烂里的缤纷

我是您传承的基因
没有什么能够打败我
那颗感恩您的心
不要再担心我的生活
不要再忧虑我的命运
我只希望
您
平安幸福
晚年温馨

2017 年 3 月 11 日

不放弃自我成长

使命总在思考
今天我该如何成长
脚步总在丈量
人生的里程
是否蹉跎了大好时光

一株小草
也要活出生命的价值
一片落叶
也要飘零出华美的乐章

不要总羡慕别人的高大上
也不要在时光里无谓地彷徨
每一个人都要有生活的目标
或大或小
或近或长
只要不放弃自我成长
生命的秋天
一定会
枝繁叶茂
硕果飘香

2017 年 3 月 14 日

淡淡相依　静享安暖

当爱情沉淀成亲情
我们的路
已并肩走了很远　很远
路上
有风雨相依的坚强
也有花香鸟语的缠绵
日子
轻薄得
如同扇动着翅膀的蒲公英
随风飘散

不再需要海誓山盟的承诺
也不再有
诗句文章里
激情四射的深情款款
我们已不分彼此
一起把沸腾的情感
冲泡成一杯淡淡的清茶
透明氤氲
清香绵绵

历经岁月沧桑的洗礼
我们把爱情珍藏在心间
让浓浓的亲情
结满静静的关怀与陪伴

时光里不再有江湖的故事
幸福的生活
却依然似水流年
不想让疲惫苦苦纠缠
也不愿喧哗登台表演
只想与你
淡淡相依　静享安暖

2017 年 3 月 12 日

那时的春天

那时的春天
是海一般的蔚蓝
有海鸥翩飞不止的翅膀
有波光里点点漂动的白帆
我就是那一张洁白的信笺
轻吻着波浪
远方在水天浩渺的地平线

那时的春天
是山一样的高远
层林叠翠
山路弯弯
鸟儿欢快地歌唱
小溪跳跃着
淙淙潺潺
我滚落着晶莹的汗珠
目光如苍鹰般停落在山巅

那时的春天
大地辽阔
天高云淡
阳光浓烈如酒
空气清新香甜
春风依依

微醺着意气风发的青春笑脸

2017 年 3 月 18 日

那一笼江南烟雨

我的梦境里
依然是那一笼江南烟雨
青石巷泛满油亮的水光
白墙黛瓦里
你如烙的倩影
定格成凝固的记忆

你撑一柄落满杏花的伞
娉婷在水云间
目光几多幽怨
春风不度
细雨点点

遥忆黄昏当年
一帘烟雨
几多缠绵
誓言如絮
声声悄落耳畔

到如今
我是北方的荷
你是南国的莲
那漂泊的思念
恰如一缕挥之不去的云烟
氤氲了我的梦境

萦绕在我的心田

2017 年 3 月 20 日

日光熹微　便做苔藓

当欲望嫁给贪婪
人生便弥漫了自戕的硝烟
与向日葵争夺阳光
与大海比拼谁更蔚蓝

狂热迷蒙了双眼
渴望弹拨着杂乱的心弦
自我
在一路狂奔中迷失心性
那拼命追逐的目标啊
伴随着精疲力竭的失望
越来越远

生命
本来就是千姿百态的呈现
没有绿叶的映衬
哪来鲜花欲滴的娇艳

人生苦短
何不拥抱
属于自己的那一片蓝天
别再追求梦幻的灿烂
也别再浪费宝贵的时间
既然做不成阳光下的亮绿

日光熹微　便做苔藓

2017 年 3 月 23 日

奔向最美的春天

几度走过春天
已然风轻云淡
那春蕊吐芳的气息
再也搅不动心跳的波澜
我心知肚明
输给了阅历的沉淀

你的出现
比旋风还要突然
那沉睡的春潮
蓦然惊醒在长长的堤岸
我的眼眸
迷醉成一弯新月
掉落进屏息聆听的水面

你柔媚了柳绿的舒缓
你偷走了阳光的灿烂
你暗淡了所有的姹紫嫣红
你是春夏之际的温暖

你的到来
贫乏了我所有的词语
我再也管不住燃烧的双眼
那是一匹脱缰狂奔的野马
一路追逐

奔向最美的春天

2017 年 3 月 24 日

终于找到你

我是一缕执念的风
高山挡不住我的脚步
暴雨淋不走我的记忆
那三生石上的诺言
始终盛开在我的生命里

我泛一叶扁舟
在茫茫人海中寻觅
我乘一双翅膀
在大漠戈壁上找你

你的气息
是那样熟悉
一定就停落在不远处
可一转眼
又不知去了哪里

我追问天边的云
她红着脸儿
微笑不语
我追问那一镰弯月
她却笑靥如花
顾盼大地
我回首一望
喜极而泣

原来
你就躲在我的背后
天涯咫尺
形影不离

2017 年 3 月 27 日

你是钢刀我是石

从不嫉妒你刺目的锋利
早已知道
锋利因我
光华给你

你是冷冰冰的寒意
骄阳也无法打动你
遇见我
那滚烫的温度
霎时便盈满你的躯体

我披一身粗糙的坚硬
你着一袭阳刚的锐利
我们俩的激情碰撞
成就了你的锋芒毕露
单薄了我厚重的身躯

当你满身滞钝
我会依然等你
再次为你续写崭新的传奇

2017 年 3 月 29 日

时光总是那么轻快

艳羡飞驰的高铁
追逐蹦跳的小溪
欣赏美妙的四季
静待夕阳唤醒晨曦
幸福弹奏着时光的轻快
生命在时光无痕的歌谣里
渐渐老去

你历经无尽的岁月
依然不疾不徐
我在潮起潮落中
走过人生渐长渐短的轨迹

在你阅尽万物的目光里
我是一颗小小的沙粒
在我人生匆匆的日记中
总是一遍遍追问
为何
总是你　　续写不老的传奇

四季还是相同的四季
我却在看不见的年轮中
改变了自己
四季费尽心机
变换绝世的容颜诱惑你

你却在四季的轮回中
无限延续

只好
把无奈的嫉妒收起
珍惜生命每一天的给予
甘愿
投入你永恒的怀抱
倾情镌刻最动人的四季

2017 年 4 月 1 日

偶　然

在时光隧道中
有幸聆听光阴的故事
在大千世界里
有缘演绎生命的传奇
时空的偶然
造化出与众不同的我和你

星宇浩瀚
我们的家园阳光美丽
怎不惊喜

茫茫人海
我们的爱情芬芳甜蜜
执手相依

偶然是无常的神秘
捉摸不透　占尽天机
偶然是你
就别辜负上天的眷顾

珍惜所有的不期而遇
忘掉时空的距离
即便是必然的陨落
也要像流星

划出璀璨夺目的生命轨迹

2017 年 4 月 9 日

我们的眼睛

小时候
我们的眼睛
总在遥望
夜幕里数不尽的繁星
荡开滚滚的麦浪
追逐
蝴蝶翩飞的身影

那是怎样的一池春水
清澈透亮
生机盈盈

如今
我们的眼睛
眯进了荧光闪烁的显示屏
那形形色色的眼镜
张扬的不再是美丽的风景
躲在背后的眼睛
褪去了熠熠的神采
丧失了眺望的本领

都说心灵的窗户是眼睛
可那里蒙满了尘垢
我们的心灵
再也冲不进深邃的蔚蓝

隐隐作痛

2017 年 4 月 11 日

你是我一生最美的礼物

你是我一生最美的礼物
有你的日子
我的生命没有孤独
你是永远植根于心的小树
我愿倾尽
所有的阳光雨露
伴你成长
陪你进步

多么希望你的人生
一片坦途
多么盼望你的思想
睿智成熟
在你拥抱世界的背后
是我殷殷不已的关注
是我无私无畏的付出

人生充满选择
现实有点儿残酷
没有勤耕不辍的智慧
哪来颗粒饱满的成熟
别让懒惰和满足
踯躅你阳光向上的脚步

愿做你雨中的伞

甘做你脚下的路
你的平安幸福
是我慈爱流泻的微笑
更是我今生最大的满足

2017 年 4 月 21 日

有你 真好

风
席卷了天地
肆虐着乾坤
一片混沌
你
干净地据守
拯救
我在风中的沉沦

我是一粒种子
丢进了淤泥
你却让我
长成一株荷
清雅丰韵

红尘妖娆
风霜了我的容颜
有你
素心依然
卓尔不群

2017 年 4 月 23 日

生活总是让我感动

让心在生活中跳动
记录每一个温暖的场景
雪中送炭的无私淡然
励志故事的心酸抗争
每一个动人的瞬间
都让我心头荡漾
泪光莹莹

在生命中放歌
喝彩微笑的善举
颂扬坚强向上的感动
在岁月里缱绻
依偎亲情的安暖
享受你怜我爱的蜜意浓情

让眼泪尽情泛滥
冲刷心灵的污垢
让感动常驻心头
珍藏所有的喜雨和风
让人性的善良真诚
枝繁叶茂
伴我一生

2017 年 4 月 25 日

我们都是光阴的故事

没有选择
从日出到日落
时光优雅地轮回
我们
却在岁月的顾盼中消磨

时光是天道的宠儿
我们
在悟道的阴谋里
失去自我

春水荡漾
也有冰封寂静的时刻
古树参天
终会成为光阴的传说

年轮是飞驰的列车
我们
都是上上下下的乘客

诅咒
是无力回天的诉说
有始有终
是天经地义的生命法则

好在
我们的生活
充满了喜怒哀乐
既然生命选择了你我
那就让光阴的故事
演绎得动人心魄

2017 年 4 月 29 日

做今天最好的自己

不再留恋昨天的过去
也不再奢望明天的旖旎
努力过好今天
把此时此刻
真情相拥
倍加珍惜

所有的如果
都是昨天选择的失意
所有的假如
都是过好今天的激励

让懊悔的种子随风散去
今天
只让生活的智慧
陪伴自己
形影不离

人生不是周而复始的四季
走过春天
就不再有下一个春季
别在犹豫中消磨
也别在昨日的阴影里叹息
珍惜当下

做今天最好的自己

2017 年 5 月 3 日

其实 你也是一道风景

走不出心底迷蒙
跋涉在痛苦的泥泞
艳羡的目光
自卑的沮丧
揉碎进阴冷的寒风
撕咬
血淋淋地横流
诅咒
佛口蛇心的天道公平

阴影
魔化成黑夜的巨人
盘踞心头
月光穿不透
温暖化无形
你正躲在巨人的围城
打一场没有胜利的战争

不要嗟叹命运的多舛
也不要感喟天道的不公
每一个生命
都有自己专属的旅程
每一段人生
都不要画地为牢
在阳光里放飞

勇敢地自我肯定

其实
在人生的长河中
此岸是我
彼岸是你
我们都是彼此的风景

2017 年 5 月 9 日

职业的荣光

在如梭的斑斓时光里
我把一切献给你
没有后悔
没有怨气

我用尽所有的力量
为了你
也为了我自己

我把光明
洒进千家万户的时候
其实
也把温暖留在了心底

时常
欣赏一条条闪光的银线
习惯
在落日的余晖中
感动
你塔尖上勤奋伟岸的身躯

责任
是一股股涌动的暖流
良知
是心灵最无愧的慰藉

我爱你
你是我脚下的路
更是我向上的梯
在你的肩膀上
我找到了生命奉献的意义

我知道
一切都将过去
我坚信
你是我生命中最厚重的回忆
感谢有你
你是我职业的荣光
你是我今生繁花似锦的旖旎

2017 年 5 月 11 日

爱你　成长的陪伴

没有心结
只有喜欢
在心里
在眼中
在慈爱流露的每一个瞬间

没有索取
只想奉献
在阳光灿烂的日子
在风雨如晦的那些天

你是我生命的传承
是我灵魂的延展
有你的日子
到处都充满生活的召唤
看你的成长
骄傲流泻
溢满我的心田

我的目光
追寻
你勤奋的脚步
我的心路
铺平
你前行的沟沟坎坎

你的每一寸成长
都有我深情的抚摸
你的每一次绽放
都让我惊喜连连

在人生的旅途上
你是那道最靓丽的风景线
爱你
一路成长的陪伴

2017 年 5 月 14 日

诺 言

浩渺水云间
千年孤寂的等待
望穿了碧海苍天
我风化成如磬的巨石
坚守在海岸
任风吹雨打
波浪滔天

你凌波而来
和风轻舞
衣袂翩翩
那风情万种的顾盼
娇羞的海浪轻吟
惊艳的鱼跃涟涟

你身后霓虹的斑斓
定然是
蓝天不胜绝美
泛起的笑靥

我的心
倏然
在磐石里跳动
不为
等待千年的幽怨

只为
绝世倾情的诺言

2017 年 5 月 18 日

明　天

当太阳飘落大地
今天
渐渐拥入梦乡的怀抱
我不知道
今天的太阳
去了哪里

那漫天的星辰
是太阳散落的魂魄
下一个黎明
他们
是否还能拥抱在一起

我用眼睛守候着
一眨不眨
看他们
在地平线上
融为一体

那红彤彤的模样
是星光热情的欢呼
明天来了
昨天再次苏醒
生命
在蓬勃中

接力

2017 年 5 月 25 日

红尘孤独

梦在红尘里耕耘
不舍昼夜
不惧风吹雨淋
一层层
拨开梦的华彩衣衫
尽收眼底的风景
不过是一片烟云

淹没在纷扰诱惑的红尘
欲望的心
绑架了灵魂
没有休止的劳顿
印满了力不从心的烙印

愿做孤独的过客
洗去一世红尘
不慕奢华
不忘初心
享如菊淡雅
品茶香书韵

2017 年 5 月 22 日

习 惯

习惯了生长
就不想停顿
从春天的鲜嫩
到秋日的枯黄
终点
注定是绝唱

可我
从不　张望
结局
是怎样的悲怆
我只管
一路疯长
从脚下一直到远方

习惯了勤奋
就不再彷徨
顶着繁星
迎着朝阳
把每一天
都过成自己的梦想

习惯了
让嘲笑孤独
习惯了

让执着远航

我的人生我做主
我的世界我徜徉
在勤奋向上的生命里
我的百花园
定会
花团锦簇　四溢芬芳

2017 年 5 月 28 日

父亲的胸怀

小时候
父亲的胸怀
是一眼汩汩的泉
日夜不停
用爱的歌谣
把我的心田浇灌

长大后
父亲的胸怀
是一座高高的山
鼓励我
用勤奋的攀登
拥抱山顶的蔚蓝

到如今
父亲的胸怀
是一宅葱葱的小院
那里
长满了
浓郁的慈爱
幸福的安然

2017 年 6 月 1 日

愿做天上这片云

浪漫的时候
与风儿牵手
时而悠然漫步
时而飘逸飞渡
在山巅
在草原
在湖水湛蓝的眼眸

忧伤的时候
与青龙邂逅
或轻言泣诉
或泪雨滂沱
在初春
在仲夏
在红衰翠减的深秋

小宇宙爆发的时候
利剑出鞘
刺破长空
一声声霹雳怒吼
山摇地动
鬼哭神愁

愿做天上这片云
把率真守候

不察言观色
不随波逐流
活出真我的精彩
即便
千疮百孔
覆水难收

2017 年 6 月 2 日

象 征

我用犀利的目光
伴飞
盘旋在山巅的雄鹰
他把勇敢的身影
投射进
我的心湖

我在明媚的阳光里
追寻
穿梭在花丛的蜜蜂
他用勤奋的脚步
召唤着
我的每一个黎明

我在茂密的森林
欣赏
栖挂在枝头的树懒
那一动不动的钟情
宁静了
我疲惫的向往

我仰望
那片轻柔多情的云
时而笑靥如花
时而泪雨莹莹

他用生命的洒脱
苏醒了
我赤子的真诚

我倾尽一生
与心同行
不断寻找
我生命的象征

2017 年 6 月 7 日

坎 坷

时光伴我而来
度过盈满四季的年轮
在年轮粗糙的纹理中
我是一粒发芽的种子
蓬勃着律动的生命

命运喜欢开几个玩笑
有时还有点儿过火
那几场偷走生命的把戏
都被我一一识破
于是
我开始认真思考
人生的风雨

我在坎坷中
感谢命运的捉弄
我在严寒酷暑里
让筋骨变得粗壮坚硬
我需要逆风而行的成长
在我壮心不已的路上

我长成一棵树
不是一株草
那漏泄一树的阳光
笑得千姿百态

风儿掠过
前仰后合

2017 年 6 月 10 日

黑　色

闻不到你的气息
看不见你的容颜
闭上双眼
才感觉到
你一直站立
在生命的两岸

白色是七彩的淬炼
你是深不可测的黑暗
到底多少种光线
把你隐藏得无迹无边
那是
万古未解的答案

黑洞
是你滔天的波澜
能量
幻化出千般手段
你孕育出生命的奇迹
却又无情地
夺走了生命的时间

面对你的魔法
所有的生灵
只能

睁大恐惧的双眼

我好想
闻到你的气息
看看你的容颜
哪怕
等到生命凋零的刹那
也会
意兴盎然
心甘情愿

2017 年 6 月 14 日

让心灵飞翔

我的翅膀
在风雨无情的鞭打下
失去了
腾飞九天的力量

我的双脚
在泥泞中走得太久
再也看不出
原来的模样

世俗
繁芜丛杂了生活
名利
压弯了初心淡忘的脊梁

一个人的思考
一个人的对话
面对汹汹而至的资讯
不知去向

仰观星空
俯察万物
成为奢侈的梦想

清扫心灵的家园

卸下世俗的伪装

褪尽铅华

淡泊名利

让心灵的翅膀

在自己渴望的蓝天

自由飞翔

2017 年 6 月 17 日

意外与明天

从来不想
意外的偶然
那是别人的谢幕
怎会
与自己有丝毫关联

知道生命的有限
总有无奈的嗟叹
可还是坚信
明天和死亡
是一条远远的平行线

我们
对生命的乐观
驱散了意外的恐惧感
也不想
让意外的阴云
密布在生命的瞬间

既然
意外是想不到的梦魇
何不
收拾心情
憧憬美好的明天

2017 年 6 月 19 日

生命一路阳光

所有的遇见
都恰如
一缕缕明媚的阳光
让每一个慵懒的早晨
四肢伸展
长满斑斓的梦想

所有的经过
都悉数珍藏
在月白风清的夜晚
让风儿撩动记忆的发梢
让月光约会
温婉如故的醉人篇章

感谢生命的赐予
有青翠欲滴的岁月
也有争奇斗艳的芬芳
即便
泥泞中的蹒跚
都迈向
挂满泪珠儿的成长

长一树婆娑
洒一路阳光
让皱纹开满微笑

让目光续写诱惑的渴望

把每一段日子
都酝酿成最美的心语
把每一段时光
都裁剪成幸福的模样
心怀梦想
来日方长

2017 年 6 月 21 日

好　奇

朗日里
仰望天上的云
是海洋里翻卷的浪花
还是一群群饮水的羊群
伸出梦幻的小手
撕下一团团洁白的棉絮
给妈妈
把寒冷赶出家门

捏一株鲜嫩的草芽儿
伸进小小的虫洞
敛气屏息
睁大眼睛
等待
贪吃的虫
忘却了时间的流逝
只有
趴在地上
一动不动的那个小小身影

时光泛黄了记忆
却让习惯在年轮中茁壮
那颗好奇的童心
从未走出我跳动的心房

面对陌生的叩响
我依然
激动地摩拳擦掌
好奇的欲望
征服了我的年龄
满足了我不老的向上

把好奇悄然珍藏
让她艳丽我多情的生命
把童心植埋在生命的土壤
让她在四季的轮回中
轮回
陪我天涯海角
伴我地老天荒

2017 年 6 月 25 日

回 望

我站在秋风中
回望
春天的一粒种子
他的梦想
绝不是
现在
我的模样

一棵长满疤痕的老树
叶子枯黄
每一道疤痕
都刻满风雨的坚强
每一片黄叶
都浸染岁月的风霜

回望
是一粒种子
总在憧憬
明天的梦想

2017 年 6 月 25 日

我要去我的远方

切断所有的退路
不再有选择的彷徨
背上行囊
我要去我的远方

不在意旅途的艰辛
不纠结时间的漫长
每一次苦难的经历
拉近了远方的遥远
火辣了目光的渴望

远方
不是仙乐飘飘的天堂
也不是
波澜壮阔的人生篇章
我的远方
涤荡了妖娆红尘
让心灵
在梦想中自然舒畅

情愿
化身西游的玄奘
不慕荣华富贵
不恋鸟语花香
只管

风雨兼程

奔向

属于自己的远方

2017 年 7 月 1 日

我欺骗了自己

我是一只蝉
站在高处
从麦黄到秋露
知了
是我一生
永不停息的嘹亮背书

不屑于高远的飞翔
不喜欢为了生活
游走江湖
只愿意
趴在枝头
聒噪酷夏
渴饮汁露

白露为霜
骤降了骄傲的温度
我所有
自以为是的回眸
留下的
不过是
一串串空洞的音符

2017 年 7 月 6 日

独　爱

花海荡漾
泛起千娇百媚的诱惑
你不是最艳丽的一朵
却把我的目光
掠夺

和你在一起
时光轻快地跳动
生活
也绽放出五颜六色
你的气息
包裹着我
浓烈了我一世
倾情陪伴的执着

道不出你的魅
说不清你的魔
只知道
有你
才有我
戏水如鱼的快乐

2017 年 7 月 10 日

牵手多年

牵手多年
不再有
初见的梦绕魂牵
日子
褪去了唇际的猩红
生活
摘走了玫瑰的浪漫
所有碰撞的激情
演绎出
执手相扶的烟火温暖

牵手多年
你我相互寻找着答案
幸好
我们破译了彼此的密码
从此
你是我的喜怒哀乐
我是你的苦辣酸甜

牵手多年
洗礼了如磐风雨
拥抱了阳光灿烂
习惯
不仅仅是两个人的融合
还有

共同欣赏
不断延展的惊喜内涵

2017 年 7 月 13 日

离　开

几十年风雨耕耘
憔悴了我的容颜
可我
依然用澎湃的激情
描绘着属于我的
碧水蓝天

生活和事业总在纠缠
无论白天
还是夜晚
身体和精神总在疲惫
无论时日
还是月年

常常把自己感动
让生活和身体不堪
只为
和事业亲密缱绻

常常把忙碌当成习惯
只想
让自己
走得更快一点

常常把自省当成便饭

只愿
让每一件事情
无愧于良心和誓言

离开
是一纸的突然
面对崭新的陌生
我不知道
还有多少锐气和不甘

离开
勾动着不舍的双眼
回首来处
是风雨
是脚印
更是铺满心底的甘甜

2017 年 7 月 15 日

希 望

希望是一粒种子
埋藏在春天的胸膛
阳光呼唤着风雨
让希望
绽放成熟的金黄

希望是明日的朝阳
今夜
不管星光灿烂
还是偷偷隐藏
只要热爱生命
明天
依然是幸福的模样

不要心怀沮丧
也不要暗淡生活的目光
一时的坎坷
不过是
人生路上的沧桑
只要心怀希望
远方一定是鸟语花香

2017 年 7 月 17 日

回　忆

昨夜的雨
打湿了心房
我奔走在风雨中
让泪水尽情
滑落
让痛苦宣泄
释放

昨夜的风
在春天徜徉
我拥抱着你的和煦
乘着一双翅膀
诱惑了
明媚如歌的暖阳

不知何时
回忆
在身后悄悄躲藏
他时不时
扯扯我的衣袖
让我看他善变的模样

他多像我的孩子
在我
不经意的白发和皱纹里

偷偷成长
他占满了我的岁月
让我只好
蹒跚着脚步
在金色的余晖中
把回忆拉得很长

2017 年 7 月 18 日

推开心灵的门窗

凌寒的雪莲
妖娆地绽放
天地风雪
造化了冰清玉洁的渴望

勇敢的海燕
追逐翻卷的波浪
那欢快的鸣叫
穿透了夜色的寂寞
剪开了闪电的光芒

我的心灵
缱绻在世俗的温床
已然
被红尘捆绑
那远走的高洁和勇敢
何时重回故乡
唤醒
贪睡的儿郎

一声久违的呼唤
苏醒了我的心房
我扇动着翅膀
奋力
推开禁锢心灵的门窗

我飞翔在自己的天空
任猎猎雄风
在心中
激情鼓荡

2017 年 7 月 27 日

游走在夏夜的城市

我是一条鱼
喘息着
游走在夏夜的城市里
那霓虹交织的河道
让我整夜整夜地失眠
那吵闹着
川流不息的车流
让我失去了生存的警惕

城市的夏夜
到处弥漫着热腾腾的暑气
我张开一片片鳞甲
仍然
感觉不到一丝丝凉意
我要死去
伴着蝉噪的挽歌

我开始
怀念那条清凌凌的小溪
和溪坡上的杂草
我想回到那里
可是
我迷了路
再也
看不清我

和那条小溪的距离

2017 年 7 月 31 日

会笑的眼睛

一枚弯月
悬挂在我的窗前
那是你会笑的眼睛
偷偷地
偷去了我的无眠

机缘是山不转水转
偶然的时间
平常的地点
我瞥见了你会笑的眼
从此
心灯点燃
每一次相遇
都会有初见的怦然

思念总是不知疲倦
模糊了昼夜
遍染了流年
你盈笑浅泻的目光
微醺了春风的脚步
让如水的月色
悄悄铺满我的心田

2017 年 8 月 8 日

醒 来

我在时光的臂弯里
醒来
依偎着甜甜的梦乡
错过了
生命恣意绽放的精彩

我漂白了
每一个精致的日子
辜负了
光阴切切的期待

青春不在
我的行囊一片空白
岁月蹉跎
再也不敢
放纵人生的懈怠

远离
尘世浮华的诱惑
伴着朝阳上路
让坚实的脚步
不畏风雨
迈向
属于自己

无怨无悔的未来

2017 年 8 月 19 日

父亲老了

父亲老了
早已缺钙的腰杆儿
大白天
依然那样笔直
他只是　把弯曲
留给
没有我陪伴的黑夜

他还是那么勤劳
只是　不再那么有力
如今
自行车和磨刀石
依然陪伴他
走街串巷
他不再卖力吆喝
因为
那不再是一桩生意

他开始愿意和我攀谈
讲他过去的出人头地
平静的皱纹里
漾不出一丝骄傲的波澜
只有
旱烟卷儿袅袅升腾着
那些　已经风干的心酸不易

父亲老了
他不再是一座山
父亲还没有老
每次从老家返回城里
他总是电话问我到没到家
从不丢落

只是
不知从何时起
他开始变成
我最长情的惦念
我最柔软的牵挂

2020 年 6 月 20 日

精神垃圾

资讯
恰如夏季　纷飞的蚊蝇
不管白天黑夜
扑面而来
你的目光与心神
被它牢牢禁锢　迷幻的网中

那些本该属于你生命的时光
还有时光里
本该做的　属于你的事情
都让它偷走
你却浑然不觉　乐在其中

你本该有强健的体魄
本该有自己　精心浇灌的心灵
因它
你萎靡不振　　心灵虚空
本该拉长的生命时光
也匆匆如梦

这些真假难辨的资讯
这些毫无营养的蚊蝇
把你如粽子般层层包裹
你是它忠诚的俘虏
你在飞快地结网

网住自己

也网住了众生

2020 年 4 月 26 日

诗人走了

诗人走了
这次
他真的去了
比远方还遥远的地方

雨断线般飘落
再也淋不湿他　忧郁的目光
四季的变换
无法再次牵动他　飞扬的思绪
这一刻
他平静地忘记了心跳
忘记了呼吸
忘记了自己

他那些如茶似酒的诗句
依然
在时光里氤氲
闻之欲醉
品之留香

他把温度
一点一点种进文字
用尽　所有的力气
他甘心情愿
埋葬了自己

没有遗憾

那些

奋不顾身的诗情画意

2020 年 5 月 7 日

不要用伟大和无私绑架母亲

你来到这个世界
每一步的成长
感恩母亲
那个情愿在负累和疼痛中
给你生命的人

不要有任何要求
也不要有任何埋怨
对于母亲
那个甘愿为你　付出生命的人

你强壮的身体超越了母亲
丰满的思想超越了母亲
但　你的爱
永远不会超越母亲

母亲的伟大无私
是你永恒的报答敬仰
绝不是
用来绑架的贪婪欲望

伟大无私的母亲啊
您也不要绑架自己
您也是这个世上　独一无二的人
您要活出您的精彩

让您的人生

不总是付出和守望

2020 年 5 月 10 日

麦　芒

从青绿到金黄
你尖细的身躯　直刺苍穹
愈老弥坚

你是一柄剑
或是　　一把伞
没有人懂你
只有
那些馋嘴的鸟儿
还有
急匆匆砸下的雨滴

即便到了收获的季节
你依然寻找机会
毅然
刺进那个收割者的手指
哪怕折断身体

2020 年 5 月 11 日

谁偷走了我的激情

静坐初夏的林荫
聆听鸟鸣　细品微风
一个人的世界
一个人的独处
一个人回望来路的修行

岁月从儿时缓缓走来
好奇的童趣
幻梦的年少
蓬勃的青春
那些鲜活妖娆的时光
洒满了欢笑泪水和激情

社会是一把剪刀
修剪着我的成长
不再把心事张扬晾晒
也不再
用黑夜等待黎明

我习惯了社会
也在社会的熔炉里
沸腾着火热的激情
脚步匆匆
岁月如虹

当再次走出
这片熟悉纷繁的天空
以为生活
终于回归自我的心境
才发现
自我却如此孤独陌生

2020 年 5 月 26 日

麦子熟了

如果一年从春天开始
你一定是故乡
最早的希望
看到你遍地的金黄
父亲吁出一口长气
手中有粮　心中不慌

即便早已远离你的身旁
可每到芒种这个节气
总习惯隔窗眺望
哪怕看不到　你熟悉的身影
也会有故乡的风
悄悄送来
你独特的芬芳

麦子熟了
凌晨星光里
再也听不到
父母催促起床的呼唤

麦子熟了
烈日炎炎下
再也看不到
挥汗如雨　镰刀飞快的紧张

麦子熟了
一台台收割机
从容威风地轰鸣在田野
可收获的喜悦
却不再那么浓烈久长

2020 年 6 月 11 日

幸福的失望

没有时间
追逐一朵云　悠然飘荡
总是错觉
雪花儿　覆盖了春的绽放
这一闪而过的匆匆时光
让记忆　一转身遗忘

密密麻麻的欲望
织满憔悴的心房
我们用繁忙掠夺着时光
不承想
时光没有了张力
生命失去了营养

把幸福留给少年
课业的繁重
折断了雏鹰海阔天空的翅膀

把幸福留给青年
竞争的压力
让青春的梦想　哪敢自由飞翔

把幸福留给中年
沉重的责任
压弯了钢铁般的脊梁

把幸福留给老年

回首一望　泪满衣裳

碌碌奔忙的生活里

始终

没有看到　初心的成长

2020 年 6 月 13 日

我就这点儿出息

没有读过多少
所谓的名著
也不愿去看
那些绞尽脑汁儿
总也想不明白的诗歌
就这样
胸无点墨

不愿结交
那些自以为是的名人
也不想攀附
与我何干的商贾权贵
就这样
平庸落拓

喜欢独自一个人
想什么或不想什么
喜欢志同道合
侃倒大山　　吹破牛皮　　引吭高歌
就这样
分裂人格

我也是个干劲儿冲天的男人
三十年
风雨无阻　　奋斗拼搏

虽造化弄人
却不敢
片刻蹉跎

喜欢米粒儿大的幸福
喜欢心中
那个没有迷失的自我
岁月淘干了名利的欲望
做我想做　　说我想说
我就这点儿出息
千万别笑话我

2020 年 7 月 5 日

敬畏生命

所有的生命
都是幸运的眷顾
一只破茧而出的蝶
一星春寒料峭的绿
还有
呱呱坠地的你
这些不期的偶然
涌动了世界　蓬勃的生机

我们都很自我
是独立于其他生命的个体
我们共生于地球
在这个众生芸芸的大家庭
相聚相依

我们哪有什么与众不同
为何　总是习惯
看淡身外的生死
却相信
不一样的自己
明天会依然延续

其实
在时间的长河里
我们也是匆匆过客

生命只有先后
没有贵贱高低

走出自恋的封闭空间
所有的生命
都是了不起的奇迹
敬畏生命
待人如己

2020 年 7 月 22 日

给生活来点儿坎坷

经历的苦痛太多
眼泪也会干涸
以为命运本该这样
奢望幸福
只是灵光乍现后的苦涩

缱绻在桃花源太久
是否还有
初见　芳草鲜美的惊艳
是否还能
永葆　黄发垂髫的怡然自乐

一帆风顺的旅途
是烟消云散的记忆
心想事成的幸福
是不堪风雨的挫折

别在幸福里停留太久
时间的长河
稀释着生活的甜蜜
怠惰的满足
错觉着生活的本色

一旦失去
这理所当然的幸福

你还有多少力量
跨越
那些久违的坎坷

2020 年 7 月 13 日

现　状

一切都那么轻
一纸的婚约
脱口而出的海誓山盟
背叛成就着背叛
纯粹的自我
目空一切般放纵

一切都那么短
利益是惊醒万物的春雷
其实
刺破苍穹的闪电更快更狠
淳朴的长情
变得错乱乖巧

是谁
明目张胆地拨快了时针
让那些轻飘飘的幸福
失去了绵长
和根基

2020 年 8 月 10 日

还要走多久

我用岁月
想了半个世纪
用行动　一直
应付没完没了的今天
突然
在某个漆黑的夜
不再想　翻看黎明

当感情卸下了爱情的枷锁
当亲情习惯了烟火的味道
当激情耗尽
这枯燥的四季
与望不到尽头的沙漠
有什么区别

心知肚明的未来啊
泯灭了所有
生存的希望

走着　走着
走丢了别人
走丢了自己
也走丢了明天

2020 年 8 月 19 日

七夕　就在这里

这是个久别重逢的日子
不只有　牛郎织女
还有　搭桥牵线的喜鹊

这条怨念深深的河
隔断了无垠的两岸
却怎么也隔不断
心心相印的天上人间

很长的一段时间
我们把七夕遗忘在角落
火红的玫瑰
在虚幻的烛光里陶醉

一些诱人的时尚
禁不住岁月一遍遍淘洗
这些古老的传承
终究才是那些好奇孩子
转身后　温暖的回家路

2020 年 8 月 25 日

一见如故

遇见清新的你
是在一个炎热的午后
丝丝缕缕的空气
袅袅婷婷在阳光里

那是一个热烈的初秋
一切都那样熟悉
不需要说什么或不说什么
恰如轮回的四季
只有　好久不见的惊喜

有一种缘
叫一见如故
有一种遇见
是你　一直在我生命里
从未远去

2020 年 8 月 28 日

初秋的心情

打开全身毛孔
让初秋的风
带走一夏溽热
让微凉的雨
冷静内心冲动

这个烦躁的夏天
没完没了的热浪
没完没了的蝉鸣
到处都是令人窒息的疯狂
满眼都是歇斯底里的营养过剩
无处躲藏的安静啊
尾随着嗡嗡作响的蚊蝇

逃离酷夏
让秋风做伴
让秋雨送行
让次第成熟的稳重
横扫如鲠在喉的火气
舒爽秋水共长天的丰盈

初秋的心情
阳光朗煦　玉露金风
品天高云淡

赏斑斓美景

2020 年 9 月 8 日

没有什么比青春更好

火热的跳动
掩饰了岁月的沧桑
心灵从未成熟
一直成长

在别人的目光里
你不再健壮
青春
早已成为一骑绝尘的回望
只是
你还有远方和梦想

偶尔
你会在苍苍的白发里
怀念青春的时光
转身
你又把火热的心灯点亮

没有什么比青春更好
没有什么比脚步更长
只要
心向明天
哪怕皱纹爬满额头
总有不服输的青春徜徉

2020 年 9 月 13 日

平凡无憾

不谙世事的年龄
我们自命不凡
笃定地相信
夜幕里那颗最闪亮的星
是我
重生在人间

深谙世事的年纪
我们总在慨叹
命运的无常
是一个个深不可测的黑洞
暗淡了星光闪闪

总在问自己
偶然的自己为什么会平凡
心有不甘

不再问生命
向往的伟大怎么会与我无缘
平和自然

既然伟大不会光临
何不选择平凡的荣耀
如果不能参天
何不让根须与泥土深深相恋

不管是平凡选择了我

还是我选择了平凡

只要

不辜负生命的馈赠

星光依然　闪耀心间

2020 年 9 月 18 日

现实与梦想

这样的现在
不是我
想要的人生
我装腔作势的满足
不过是掩饰
无奈逝去的梦

那些曾经的憧憬
早已被岁月无声地抛弃
抑或　被社会的潮水
冲刷得干干净净

矛盾的人生
总是在梦想和现实之间
左右摆动

现实的努力
总也达不到梦想的高度
没有梦想的现实
只不过是
无风无雨也无晴

2020 年 10 月 5 日

等待　最后一抹秋阳

秋风紧凉的日子
我依然倔强
挺立枝头
不愿做
那片看似唯美的落叶

秋阳里
我成熟厚重的颜色
条理分明的根根筋脉
格外光亮
我一点儿也不孤独
本来
我就是独一无二的存在

我把生命招摇在枝头
仰望秋日高远的天际
雁迹不再

我把身体隐没进星空
等待
星光落尽处
最后一抹秋阳

2020 年 10 月 16 日

秋天也疯狂

贪婪的秋
吮吸大地最丰富的营养
把一件件绝美的华装
静静披展　四面八方

这一叶一叶的火红金黄
在秋阳里
美得这般成熟
这般恣意张扬

这场盛大而浓情的谢幕
在天地辽远的舞台
次第唱响
毫无保留　热烈奔放

偶尔
面对这无边秋色
心头涌起怅然不舍的怜爱
怀念夏日青壮
回想不老春光

2020 年 10 月 18 日

小院的月光

小院的月光
街灯不来打扰
安静又明亮

促织啾啾
夜色温凉
衰老的父亲
打着时断时续的鼾声
驱赶西坠的月亮

多少年
没有走进父亲的梦里
多少年
没有在小院的土炕上
伴着月光　陪着父亲
安暖彼此
挂念的梦乡

2020 年 10 月 22 日

成　全

这一世的成全
是幸　还是不幸
风雨总是弥漫人生
让我
如何感念生命的馈赠

我们
成全了时光的繁荣生动
可时光的怀抱里
总有数不清的意外凋零

那么多习惯的深信的拥有
一个个　一个个
成为久久
难以割舍的梦

多么虚假残忍的成全
我的诅咒
燃遍了地狱
燃遍了天堂
燃烧了自我
我的泪水干枯了生命
可是
成全依然在施舍的背后

狰狞

2020 年 10 月 29 日

兄弟小军

小军
是一个适合做朋友的男人
是一把有温度的刀
闪着本色的光芒
从不喜欢
在刀鞘里收敛

他不太喜欢喝烈酒
却喜欢烈酒一般的男人
心扉　　从不设防

他说
活在这个世上
就该爱憎分明有一说一直截了当
即便栽过几脚
依旧我行我素死不悔改一如既往
他说
不能累着心

他活得真实坦荡
活得阳光透亮
与他交往
何须设防

2020 年 11 月 3 日

我有一间小屋

我有一间小屋
伫立在沉沉黑夜里
坐在明亮的小屋
汹汹的夜色
没有一丁点儿生息

我有一间小屋
默然在灿灿阳光里
躺在黑暗的小屋
炎炎的烈日
没有一丁点儿力气

我的这间小屋
只属于我自己
甚至容不下
哪怕一点点
纹丝不动的空气

在这里
只有我的心跳和呼吸
在这里
只有我自己

2020 年 11 月 11 日

忠 诚

记得
初次扑入你怀抱时
我饱满的青春痘
有些青涩和莽撞
如今
拐杖都爬满了包浆

几十年
一心一意的光阴啊
我是你最虔诚的信徒

我哪里规划过未来
以为
在你的怀抱
一切都是最好的梦想

所有为你做过的
没有悔恨
那些身心疲惫的每一天
那些深夜不眠的苦思冥想
却时不时
咂出幸福的时光

我把最好的人生给了你
毫无保留

当夕阳即将降临的时候
我依然拄着拐杖
微笑着看你
早已忘记了我的模样

2020 年 11 月 13 日

这是你最好的选择

没有之一
因为
这是你最好的选择

爱情已是放在心中
发黄的照片
青葱也离你很遥远
你有时富于幻想
想十全十美
想地久天长
想一切都是你　想要的模样

想想你的过往
想想来路上的风雨
想想那些不如意的时光
现在
是不是你　曾经的期望

不要在比较的陷阱里
彷徨
也不要在不平衡的心态中
沮丧
现实总有一些无奈
奢望
永远只是奢望

坚信自己
没有之一
这已是你最好的选择
心态平和
自然阳光

2020 年 11 月 18 日

雪花片片寄深情

喜欢一片一片
静静飘落的雪花
赶路
真的不需要那么匆忙
优雅
本来就不是棱角分明

只有深冬的厚重
才会轻轻托起
这样漫天飞舞的精灵
只有凝固的寒冷
才会包容
这样大片大片的温情

你所看到的
只是一大片一大片的洁白
我能感受的
却是一汪汪一汪汪
忘我的深情

2020 年 11 月 28 日

垂　钓

坐在水边
心与水轻轻漫漫纠缠
放空或近或远的尘念
水中是云天

杨柳轻梳
波光潋滟
无始无终的时间
不老
在我的心田

何时与子牙
不期在水岸
看你
静静垂钓
周公吐哺的八百年

那缕细细长长的渔线
那根直直正正的钓竿
一阴一阳
一生一克
伴我
低头水中月
抬首艳阳天

2020 年 12 月 4 日

年前的最后一天

这一天很平凡
从日出到星光灿烂
这一天很不凡
是一元复始冲刺前
无限憧憬的一天

匆匆的脚步
飞快的年轮
总在不知不觉的忙碌里
一天又一天
岁岁又年年

守候
年前　最后一天
怎舍得
让他走远

时有期盼
年前的最后一天
来一场纷纷扬扬的雪
浩荡掩盖
或好或坏的昨天

总是期望
盈盈而来的明天

流年不老

安康如伴

2020 年 12 月 16 日

失　眠

思想把黑夜填满
梦境出走在无处可寻的天边
双眼一遍遍漂洗着漆黑
渐渐褪成暗淡

妻子的轻鼾和呓语
远不如蛐蛐儿悠扬的轻弹
长在耳蜗深处的知了
卖力地张扬着尖细的嗓音
恨不得把耳膜刺穿
不知楼上还是楼下的孩子
哭得死去活来　时续时断
冬夜彻底失去了冷静和孤独
热闹非凡

一文不值的时间啊
慢慢梳理着一根根昏暗的光线
此时的天光　亮得很晚很晚

心境的超然
生出了想象的翅膀
和穿越时空世事的双眼
缓缓流淌的时间
轻轻遗忘在

又一个阳光灿烂

2021 年 1 月 11 日

孤独的城市

耳边传来的不是风声
也不是流水的声音
那是城市　纵横交错的道路上
熙攘来去的车流
从黎明到清晨

城市的阴影总是拉得很长
走在这长长的阴影里
时间却是很短
风一样的时间啊
在不眠不休的城市里
比小偷的手脚还快

这灯红酒绿的繁华
错乱了神经与时空
这匆忙如梭的名利场
沦陷了真实和自我
在早已不习惯的安静里
孤独
弥漫了一座沸腾的城

2021 年 2 月 1 日

那把老吉他

挂在墙上的那把老吉他
很多年没有动过它
尘封的青春印记
已不在僵硬的手指尖儿流淌
心中拨响的　　也不再有
水边的阿狄丽娜

那时的天际
总有自由的飞鸟划过
青春的蔚蓝
拍打着欢快的浪花
一身牛仔　　一头长发
一把吉他走天涯

单调的和弦里
反复诉说着绵绵不绝的思绪
忧郁的旋律中
深深流露着王子般迷人的优雅
一把吉他
在青春的沃土中
总在笑靥如花

如今的它
漆色不再金黄般闪烁
只在平静的生活里

静静地悬挂

2021 年 2 月 9 日

用力过猛

长满鱼鳞的河床
张开密密麻麻的嘴
发不出一丝　　哪怕沙哑的声响
太阳盘踞整个天空
蓝天白云隐遁

火热的红蜻蜓
奋力扇动着翅膀
于是
排山倒海的雷雨
冲垮了河堤
那些将死的　　禾苗
昂首于汪洋
摇曳　　狂欢

2021 年 2 月 24 日

春的序曲

以为立春
唤醒了冰封的土地
将风雪肆虐的死气深埋
以为立春
让知春的柳丝生发了胎气
那一串串探头探脑的芽苞
会一点点破茧成蝶　　飞絮吐绿
没想到
三心二意的立春
恋恋不舍地扭回头
前半夜
是淅沥敲窗的细雨
后半宿
是雪花蹑足的无声无息

有些反复
是在积蓄前行的动力
有些期盼
需要回味
才会倍加珍惜
争奇斗艳的花季

2021 年 3 月 4 日

初春的暖阳

初春的暖阳
奏响生命萌动的乐章
鸟儿
扑闪着光亮的鸣叫
唤醒沉睡的泥土
大地的调色板
渐次斑斓　　活色生香

初春的暖阳
让风儿失去寒冷的记忆
曼妙轻盈的芭蕾
翩翩起舞在原野山冈
明快的柳笛
吹响春天美丽的童话
粼粼跳动的波光
撩动着暖阳
顾盼不已　　春心荡漾

初春的暖阳
点亮一年欣欣向荣的希望
脱下厚重的棉衣
换上轻便的行装
出发
趁朝阳正好
恰青春无恙

让铺满心田的一粒粒种子

萌芽吐蕊　　馥郁芬芳

2021 年 3 月 10 日

阳台上的春天

阳光怂恿着温度
唤醒
阳台上每一根绿色的神经
妻的喷壶
耐心轻摇出一派奔放的春景
蟹爪兰再一次
挂满粉红色的灯笼
硕大拥挤的朱顶红
演绎着无限蓬勃的生命
时间从此定格
花事错乱了四季的时空

这些养心悦目的繁荣
从不在意
空间的狭小
也不在乎
时光的匆匆
只需
阳光　　温度和水
便只顾
争先恐后　　不惜生命

2021 年 3 月 19 日

给我一杯白开水

我知道
经历过霜打的草木
才可入药
如同
经历过沸腾的白开水
才会养人

青春是一场盛宴
我们贪婪得不能自拔
哪怕遍体鳞伤
依然冲向蓬勃的理想

如今
请给我一杯白开水
慢慢收敛
那些曾经的火热

2021 年 3 月 24 日

清明祭先烈

不由自主的肃穆包裹着我
这些沉甸甸的墓碑和青翠的松柏
白色的鸽群　　只是盘旋而过
寂静依然
这块清明神圣的墓地

脚步轻轻落下
雨后的泥土松软清新
地上零落的草叶
须以九十度的躬身
让它们远离
这些干净的灵魂

他们以壮烈的生命
无愧于这份安眠
他们活得短暂
死得永恒

2021 年 4 月 2 日

陪伴时光

驾驭生命的
从来不是生命自己
我们总是自以为是
其实终归身不由己

谁晓得
时光何时唤醒了意识
天知道
身体被时光如何抛弃
当我们感怀时光匆匆
你滴答不语
当我们深陷度日如年
你也不疾不徐

你伪装成变换的四季
让我们在歌颂中
忘乎所以
你假扮成日月轮替
让我们在希望中
追逐下一个晨曦

我不知道
你的生命到底有没有长度
我只知道
在你的怀抱里

有我

曾经陪着你

2021 年 4 月 6 日

斩落西天的云霞

卸下所有的伪装
我开始怀疑
此行的意义
过往是一干二净的虚无
即便走入岁月深处
即便走过繁花和硕果的春秋

世间和非世间的一切
都在绑架我
我是可怜的无辜
我只有一具
打上我烙印的肉身
或者貌似属于我的思想
其他
一无所有

来路渐已模糊
我憎恨生命里的生活
憎恨所有过往的时光
我定擎一柄长剑
斩落西天妖艳的云霞
全神贯注
霞光陨落处　　究竟的归途

2021 年 4 月 12 日

那些花儿

阳光正好的时候
我们都在开放
拥抱在一起
把春天装扮成最美的新娘
那时的空气
弥漫出甜甜的笑声
引逗着蜜蜂蝴蝶翩翩的翅膀

我们不再羞怯
不再隐藏
张开最娇嫩的香蕊
让甘美的玉露润满心房

我们不再恬静
也不再韬光养晦
用最婀娜妩媚的身姿
摇曳出春日无尽的畅想

我们是春光里最美的精灵
争奇斗艳　　馥郁芬芳
春光孕育了我们
我们扮靓了春光

2021 年 4 月 21 日